NE LÂCHONS PAS LA PROIE DU SOLEIL POUR L'OMBRE DES ÉCRANS

DU MÊME AUTEUR

Sophocle. Essai de dramaturgie, L'Arche, 1960, 1978.

Les Hommes ivres de Dieu, Arthaud, 1961 ; Fayard, 1975 ; Seuil (coll. « Points Seuil »), 1983, 2000.

Les Gnostiques, Balland, 1970 ; Anne-Marie Métailié, 1991 ; Albin Michel (coll. « Spiritualités vivantes »), 1994, 2005.

Chemin faisant, Fayard, 1973 ; nouvelle édition 1997, 2005.

L'Été grec, Plon (coll. « Terre humaine »), 1976, 2005 ; Pocket, 2002.

Le Pays sous l'écorce, Seuil, 1980, 2007 ; nouvelle édition Seuil (coll. « Points Seuil »), 1981.

En cheminant avec Hérodote, Seghers, 1981 ; Fayard (coll. « Pluriel »), 2010.

Sourates, Fayard, 1982, édition augmentée 2005 ; Albin Michel (coll. « Espaces libres »), 1990.

Marie d'Égypte ou le désir brûlé, Jean-Claude Lattès, 1983, 1995, 1999, 2008.

En suivant les dieux, Philippe Lebaud / Le Félin, 1984, 1998 ; *Au cœur des mythologies (En suivant les dieux)*, Gallimard (coll. « Points »), 2002, 2009.

Ce bel aujourd'hui, Lattès, 1989 ; *Ce bel et nouvel aujourd'hui*, Ramsay, 1998.

Chemins d'écriture, Plon, 1991, 2005.

L'Envol d'Icare, Seghers, 1993, 2005.

Visages athonites, Le temps qu'il fait, 1995.

La Poussière du monde, NiL, 1997 ; Seuil (coll. « Points Seuil »), 2010.

Égypte. Au pays d'Hérodote, Ramsay, 1997.

La plus belle aventure du monde, ANCR, 1998 ; Isolato, 2010.

(suite en fin d'ouvrage)

Jacques Lacarrière

Ne lâchons pas la proie du soleil pour l'ombre des écrans

Édition dirigée et présentée
par Sylvia Lipa-Lacarrière

Préface de Pascal Dibie

LE PASSEUR
ÉDITEUR

La première partie de cet ouvrage a d'abord été publiée par les éditions Lattès en 1989 sous le titre *Ce bel aujourd'hui*, puis actualisée en 1998 aux éditions Ramsay sous le titre *Ce bel et nouvel aujourd'hui*. La version actuelle a été publiée au Passeur Éditeur sous le titre *Ce bel et vivace aujourd'hui* en 2015.

www.lepasseur-editeur.com

ISBN : 978-2-36890-700-9

Le vierge, le vivace et le bel aujourd'hui
Va-t-il nous déchirer avec un coup d'aile ivre
Ce lac dur oublié que hante sous le givre
Le transparent glacier des vols qui n'ont pas fui !

STÉPHANE MALLARMÉ

Préface

Tu aimais, Jacques, les promenades en calandres. On s'amusait *dans* et *de* ma Chevrolet Caprice et de ses 6,30 mètres. Avec elle, avec toi, avec Sylvia, tous les trois installés devant, comme au Cinépanorama, nous courions les routes bourguignonnes. Allant un coup boire chez Petit Louis, un autre chez Mimile, un autre encore chez Jean-Marc et, malgré ses trois tonnes, elle nous ramenait à tour d'ailes légères et silencieuses jusqu'à Sacy. Pas d'objet de délit, juste des enfantillages où nous jurions que « faire le bête entretenait les artères ». Tu disais mieux : « Il faut garder un cœur alerte pour enjamber les siècles sans dommage. » Et nous suivions Ariane venant de l'Acropole pour nous guider jusqu'aux technopoles qui nous enthousiasmaient autant pour leur complexité que pour les amusements qu'elles nous procuraient.

Dans ces textes que tu nous as laissés, tu scrutais joyeusement la modernité. Or, faire l'inventaire est le quotidien du poète presque autant que celui du quincailler, vis et boulons servant aux assemblages d'univers aussi hétérodoxes que les tours de cracking au bord de l'étang de Berre, les Bugatti de la promenade des Anglais ou les entrailles du CERN où s'accélèrent les particules.

Ici même, tu te demandais, Jacques, ce que Nerval, Rimbaud ou Baudelaire diraient aujourd'hui de notre monde, « à commencer par ce qu'il offre de plus décourageant et de moins poétique [...], mais en même temps très attirant ». De fait, tout t'amusait, dès lors que tu l'empoétisait. Tu te demandais aussi ce qu'aurait pensé La Bruyère du téléphone portable. Sans doute aurait-il trouvé ça pratique dans les embouteillages, ne serait-ce que pour dénoncer les embarras parisiens et la fausse urgence des hommes. Tu l'as bien dit avec le poète, « toute modernité est appelée à vieillir mais écrire sur elle n'a pas d'âge ».

Mais ce que tu n'avais peut-être pas complètement mesuré, c'est que tous ces objets intelligents qui désormais nous précèdent en terme de malséance ont pris nos pouvoirs. Pouvoir d'attention, pouvoir de vision, pouvoir de décision, pouvoir de rencontre, pouvoir de séduction... Tu en as vu la naissance, nous les voyons grandir, se multiplier, envahir nos vies bien sûr, mais cela ne nous empêche pas, comme toi, d'en sourire encore un peu. « Posez un ordinateur dans une chambre mal rangée, disais-tu, cela n'aura aucune influence sur son rangement. Maintenant, posez une chambre mal rangée dans un ordinateur, il va, comme son nom l'indique, l'ordonner automatiquement. » Tu sentais bien que « le virtuel est en train de construire jour après jour, image après image, un monde parallèle au nôtre », refusant, insistais-tu, de lâcher la proie du soleil pour l'ombre de l'ordinateur.

Ce n'est pas que notre aujourd'hui manque d'intérêt, Jacques, c'est plutôt qu'il est trop plein, trop riche de nouveautés, qu'il est de plus en plus inconscient et que l'*homo interactivus* dont tu rêvais semble un peu manquer de cœur et beaucoup de chair. Plus la moindre envie chez nos contemporains d'aller au centre des choses ni de s'amuser de folies salutaires juste pour bousculer les règles de ce qui nous cantonne.

Toi qui disais que nous devons être les « cantonniers de nos vies » lorsque nous décrivions nos vagabondages immobiles, tu avais bien senti que l'entrée dans la grotte luminescente et virtuelle n'était pas aisée à trouver. Et pourtant, quelle fascination ! Tu savais que le nouveau dragon dont les langues de feu s'engendrent toutes seules allait nous emmener dans ses pas mais qu'il allait aussi nous désouder du monde commun pour nous faire rentrer dans des mesures démesurées : le cyberespace, la « toile arachnéenne à texture électronique » que tu as vu se tendre et dont tu proposais sagement la devise « *surfuat nec mergitur* ». Mais nous sommes êtres de déraison et le réseau des réseaux qui nous rend computables, réticulaires, discursifs, abusifs comme pas deux – et un qui ne fait plus trois – nous a fait remiser le fax, ce coursier fulgurant que tu pratiquais avec art et qui, pour tout dire, ne me disait pas grand-chose.

C'est vrai qu'« il est plus difficile de décrire une raffinerie ou un supermarché que l'automne dans le Colorado ou les sanctuaires de Delphes », même si regarder les pylônes des lignes à haute tension peut nous faire penser aux piliers hermaïques à l'effigie ithyphallique disposés par les Grecs le long des chemins de campagne, des rues écartées, des carrefours et des lieux de rencontres pour nous rappeler que le monde est dangereux quand le courant passe...

Depuis nos escapades, le paysage a un peu changé. De ma fenêtre, maintenant, je regarde les tanks. On les a peints en rose, camouflage moins martial que la couleur léopard qui va si bien avec les bérets rouges arrosant les fleurs jaillissant des canons et qui servent aujourd'hui de terrains de jeux pour les enfants. Très peu de différence avec les tankers, ces « monstres muselés tenus en laisse par la mer » que tu décrivais dans la baie d'Eleusis irisée d'essence. Tu parlais à ce propos de « gigantomachies mondiales ». Beaucoup de nos monstres ont été micronisés ; on les a remplacés par des drones, ces dirigeables silencieux contemporains qui font désormais de la publicité jusque dans nos jardins et qui en profitent, si les temps sont à la bagarre, pour bombarder les « objectifs malsains ».

C'est fou ce qu'on s'amuse entre le virtuel et le verbuel. Tu avais raison, nous sommes tous des « Alice » dont la raison est construite en logiciel, hésitant entre le sourire et l'indifférence létale devant nos vies défilant sur la tranche des objets qui font notre aujourd'hui bien attirant mais terriblement inconsistant. Un drôle d'aujourd'hui, en vérité, d'où la poésie s'est beaucoup absentée. Heureusement, tu nous redis avec bonheur que tant que nous n'aurons pas quitté le cosmos, nous aurons des visions de scaphandriers, pleins du souvenir des amphibiens que nous étions encore hier et de cette incroyable ambition de vouloir se hisser sur la terre ferme afin d'y engendrer le premier « bébé de l'infini », comme tu le prédis dans ces pages… On y arrivera. À bientôt, Jacques.

Pascal Dibie
Chichery, 11 novembre 2014

Au lecteur

DANS le grenier de Jacques – sa « hune », comme il aimait nommer son bureau –, deux gros dossiers sont demeurés sur sa table, dans lesquels étaient archivés ses textes et articles. J'y glane la matière du bulletin de l'association Chemins faisant[1].

Un jour, je suis tombée sur « Ne lâchons pas la proie du soleil et des mers pour l'ombre de l'ordinateur », paru dans *Géo*, ce qui m'a donné l'idée de poursuivre son *Bel et nouvel aujourd'hui*. Nombre de ses lecteurs avaient apprécié ce livre et le demandaient, alors qu'il était épuisé. Au désir de le donner à lire à nouveau s'ajouta l'envie de le prolonger de « textes retrouvés », qui compléteraient cet inventaire de la modernité à travers le regard de Jacques.

S'ils sont écrits dans un style différent, ces textes appartiennent à la même famille. On y retrouve celui qui regardait loin dans le passé des hommes (« Au commencement était l'image »), sans cesser

---

1. Association des Amis de Jacques Lacarrière (www.chemins-faisant.org).

de poser un œil constamment étonné sur le présent – « tout ce qui vit en mon siècle, que je peux rencontrer devant moi à l'instant et qui, pourtant, en même temps, vient du fond des âges ». Et si certains sujets, comme les comètes, les raffineries ou la bande dessinée, se trouvaient déjà dans le *Bel et nouvel aujourd'hui,* le lecteur les découvre ici sous un autre angle. Car ils sont de toujours et toujours à redécouvrir : « L'image, puis le verbe, nous mettent à l'orée du monde. »

C'est pourquoi vous croiserez aussi, au milieu de ces « essais souriants », un dragon.

Le Dragon aujourd'hui au « nouveau et terrifiant visage dont le feu est celui des bombes, ses ailes celui des missiles et son corps la carcasse des voitures piégées. Mais si terrifiant et rusé soit-il, on peut le vaincre si l'on croit pleinement en ce monde[1] ».

Et si l'on espère avec Jacques en un dragon qui « ne cracherait plus des bombes mais des fleurs ».

Sylvia Lipa-Lacarrière
Sacy, octobre 2014

1. Extrait d'une lettre de Jacques Lacarrière.

CE BEL ET NOUVEL AUJOURD'HUI

Jacques Lacarrière dans une décharge de voitures près d'Auxerre (Yonne), à une quinzaine de kilomètres de sa maison de Sacy, au moment de la rédaction du *Bel aujourd'hui*. Photo prise par Sophie Bassouls le 10 juin 1989.

Avant-propos

« LA modernité vieillit mais la créativité n'a pas d'âge », écrit le poète Adonis[1]. Savoir distinguer ce qui est créativité – autrement dit œuvre durable – de ce qui n'est que mode me paraît l'ABC de toute prétention à vouloir comprendre son temps. Les textes qui suivent, courtes méditations sur le monde d'aujourd'hui, privilégient ce qui, depuis un demi-siècle, a marqué notre époque et modifié souvent notre façon de vivre. J'ai déjà précisé qu'ayant vécu dans une famille où le mot même de littérature était inconnu, puisqu'il n'y eut jamais le moindre livre à la maison, j'ai eu en revanche la chance de grandir au milieu d'un univers ludique et passionnant, celui des voitures de sport et de course et celui des avions de raid. Ainsi, dès l'âge de cinq à six ans, ai-je fréquenté les Bugatti, les Delage, les Delahaye et les Hotchkiss, et passé des journées entières sur l'aérodrome de Saran au milieu des Breguet, des Dewoitine et des Caudron. La

1. *Introduction à la poésie arabe*, Sindbad, 1985.

Grèce, l'Orient, la spiritualité, l'errance, l'écriture viendront plus tard sans que jamais s'effacent en moi les souvenirs de ces heures magiques, de ces odeurs de cambouis, d'essence et de vernis qui étaient alors pour moi le parfum même de l'aventure. Je n'avais jamais jusqu'ici parlé de ces années d'initiation à la modernité mais l'idée m'en vint il y a longtemps, une nuit que j'arpentais une raffinerie près de l'étang de Berre (ce n'est pas chez moi une habitude que de passer mes nuits dans les raffineries mais je devais alors écrire sur l'une d'entre elles qui venait d'être inaugurée). En me promenant cette nuit-là au cœur des tuyaux et des tours de cracking (décrits plus loin dans « Une raffinerie la nuit »), ce monde de bruits, halètements, couleurs, lumières intenses, cet univers respirant, palpitant comme un monstre vivant m'apparurent si étranges, si inconnus pour moi que je me demandai si jamais un écrivain en avait déjà parlé dans ses livres. Et je me dis : s'ils s'étaient trouvés là, qu'en auraient pensé Nerval, Rimbaud ou Baudelaire ? Comment auraient-ils réagi devant ces cuves, ces labyrinthes, ces tuyaux, ces tuyères ? Les auraient-ils rejetés, acceptés, adoptés, admirés ?

Ainsi sont nés ces textes, comme une incitation et une invitation à mieux regarder, écouter, sentir et observer le monde qui nous entoure. À commencer justement par ce qu'il offre de plus décourageant et de moins poétique : aéroports, raffineries, supermarchés, pylônes, grues, tankers. Oui, un univers décourageant mais en même temps attirant : quel défi, quelle tentation pour le poète et l'écrivain ! Car il faut bien se dire qu'envisagé du seul point de vue de l'écriture, il est plus difficile, plus risqué de décrire une raffinerie ou un supermarché que l'automne dans le Colorado ou les sanctuaires de Delphes qui ont, eux, tout un public de lecteurs acquis d'avance. Mais les supermarchés, les autoroutes, les tankers et les raffineries ? Et dans un contexte plus moderne encore, les jouets télécommandés, les clones, les téléphones portables et les robots spatiaux, quel écrivain ou quel poète a-t-il vraiment cherché à les décrire ?

Depuis la rédaction de *Ce bel aujourd'hui,* de nouvelles inventions et de nouveaux robots ne cessent de modifier notre vie quotidienne. C'est pourquoi j'ai souhaité reprendre ces textes en les adaptant à ces nouvelles réalités, en m'intéressant surtout aux comportements et aux phénomènes de société les plus récents. C'est qu'ils me paraissent aujourd'hui si révélateurs des changements de nos habitudes quotidiennes que souvent je me suis demandé ce qu'aurait pensé La Bruyère, par exemple, de la pratique du téléphone portable.

Ainsi Ce *bel et nouvel aujourd'hui* guide-t-il le lecteur au cœur d'un monde renouvelé et le plus proche possible de notre temps, même si le sens de ces textes est justement de le regarder à distance. Prendre, avec ce qui nous est proche, l'éloignement nécessaire pour mieux le découvrir et l'observer. Au fond, ce livre n'a d'autre raison d'être que de reprendre, pour l'illustrer, la parole du poète citée en son début, à savoir que toute modernité est appelée à vieillir mais qu'écrire sur elle n'a pas d'âge.

Jacques Lacarrière
Sacy, hiver 1997

La vie portable

POURQUOI, en cette heure matinale, sur cette place où des silhouettes hâtives (pour ne pas dire hagardes) s'engouffrent en foule dans le métro, cet homme s'agite-t-il l'air éperdu, l'œil égaré, indifférent aux passants qui pourtant le pressent et le bousculent, un bras zébrant l'espace en un geste rageur, l'autre crispé contre l'oreille droite tandis qu'il murmure, hébété : « Non, ce n'est pas possible » ?

Pourquoi ce jeune homme tout endimanché, rasé de frais et cravaté de soie, qui marchait l'air sérieux et grave dans la rue, s'arrête-t-il soudain pour s'esclaffer à haute voix sans même remarquer les regards étonnés qui le croisent et le dévisagent, et pourquoi s'assied-il sur un banc, hilare, en s'exclamant : « Elle est bien bonne ! », une main rivée à son oreille gauche ?

Pourquoi, en ce beau soir d'automne, au milieu des couples sereins déambulant sur l'avenue, cette jeune fille pleure-t-elle silencieusement, adossée contre un porche, les yeux fixes et les traits figés, indifférente aux bruits, à la foule et au crépuscule, sourde aux rumeurs du monde, aveugle à ses douceurs, une main collée à son oreille droite ?

Pourquoi, dans le TGV, cet homme qui me fait face, jusqu'à présent discret, voire effacé, se prend-il soudain à marmonner, à bafouiller, à s'embrouiller dans ses paroles sans plus s'apercevoir de ma présence, la main gauche agitée de soubresauts comiques, la droite appliquée contre son oreille droite ?

Qu'ont-ils tous avec leurs oreilles et pourquoi les pressent-ils ainsi en public, dans les rues, sur les places, dans les cafés, les restaurants, les gares, dans les voitures et dans les trains, sur les parkings, les stades, les piscines, dans les magasins et qui sait ? peut-être même dans les églises, les synagogues, les mosquées ? Oui, pourquoi certain(e)s se mettent-ils (elles) soudain à soliloquer au cœur des foules les plus denses comme dans les jardins publics les plus calmes ? Parce qu'ils (elles) ont détecté, venus des profondeurs de leur poche, ou des abîmes de leur sac, le fin grésillement, la grêle stridulation signalant l'appel de l'Autre ou de l'Ailleurs.

Quand un seul fil vous relie au reste des vivants, ce même fil leur permet de vous joindre à leur tour à l'endroit précis où il aboutit. Quand ce fil disparaît, plus rien ne vous relie au reste des vivants que des ondes invisibles, toujours imprévisibles. Si donc, en vous promenant dans la rue, vous surprenez une jeune fille pleurant silencieusement sous un porche, un homme seul se mettant à rire bruyamment sur un banc, un autre errant, hagard, sur un trottoir, et si tous et si toutes ont *une de leurs mains collée à une oreille*, alors ne vous inquiétez pas, ne vous alarmez pas, n'appelez pas d'urgence un médecin secourable : vous avez simplement croisé les membres d'une confrérie nouvelle, les adeptes d'un nouveau club, les pratiquants d'un nouveau culte – dirais-je les fervents d'un nouveau cénacle ? –, la confrérie, le club, le culte des Portables.

Vous les reconnaîtrez d'emblée à cette façon qu'ils (elles) ont de s'immobiliser soudain dans leur marche, de manifester leur allégresse ou leur désespoir par des gestes inattendus au milieu des passants, de se mettre à chuchoter ou à crier, à rire ou à pleurer au cœur des foules les plus denses comme dans les jardins publics les plus calmes. Ce sont les fidèles, les fervents et, pour tout dire, les abonnés de la vie portable.

Un autre signe permet de les identifier sans erreur ni confusion : cet appendice, excroissance ou prothèse qu'ils portent tour à tour à l'une de leurs oreilles, prothèse, excroissance, appendice dont la couleur varie mais dont la forme évoque irrésistiblement celle d'un fétiche fossile, de préférence maori, ou quelque embryon momifié. Fétiche ou embryon gardé au chaud dans les poches ou les replis d'un sac pour en être tiré dès qu'il pousse son cri favori : ce grêle grésillement – qui fait penser à l'appel de quelque Acridien en détresse – et qui signale l'appel de l'Autre et de l'Ailleurs.

J'ai bien écrit : l'Autre et l'Ailleurs. Sans aller au-delà. Je n'ai pas dit : l'appel de l'Au-delà. Quels que soient les vertus, les prodiges et la puissance de ces Portables, ils ne permettent pas encore de converser avec les anges.

Cloneries

Le clone. Double absolu et potentiel de tout être vivant conçu et concocté pour cette fin de siècle dans les laboratoires des généticiens. Ce fut peut-être le rêve secret de Narcisse, ce bel adolescent que fascina jadis la vue de son visage reflété dans l'eau d'un étang : contempler non plus son double illusoire, toujours fugace, mais son double réel, son sosie vrai, authentique et durable. L'exemple de Narcisse surgit fatalement dès qu'on pense au miroir, au double et même au clone. Car Narcisse, on le sait, à force de se mirer dans le miroir des eaux y chuta pour devenir narcisse et c'est précisément le monde végétal qui le premier a inventé le clone. De nombreux végétaux se reproduisent spontanément non par fécondation sexuée mais par apomixie comme disent les botanistes, c'est-à-dire par bourgeonnement. Ce que savent depuis toujours les horticulteurs qui pratiquent le repiquage et le bouturage. Mais les êtres vivants, en tout cas les pluricellulaires dont nous sommes, doivent recourir à la reproduction sexuée – encore que ce terme de « recourir » convienne mal quand il s'agit de l'être humain puisque la nature ne nous proposa jamais d'autre choix.

Or, voici qu'en l'an 1990 fut tentée et réussie en France la première expérience de clonage animal, pratiquée sur des lapereaux. Qu'est-ce donc qu'un lapereau cloné ? Un double parfait du modèle, une réplique intégrale, rigoureusement et génétiquement identique à l'original. Le clone n'est pas une imitation, un simili ni même un mime, il est un Même. Un Même qu'on obtint dans cette expérience en reprogrammant le noyau de cellules blastomères – cellules fraîchement fécondées – et en les réimplantant dans l'utérus d'une lapine porteuse. Des lapereaux ainsi clonés naquirent, grandirent, vécurent et moururent sans aucun traumatisme apparent. Il est vrai qu'ils ignoraient tout de leur naissance singulière, de leur statut de lapereaux cobayes, de pionniers du clonage animal. Cette expérience devait s'étendre ailleurs et à d'autres espèces, notamment en Angleterre où, comme l'on sait, naquit récemment une brebis clonée du nom de Dolly et, plus récemment encore, un mâle cloné baptisé Polly. Si ce type d'expérience devait se poursuivre et se multiplier, on verrait naître alors, dans ces fermes expérimentales et transgéniques, des milliers d'animaux clonés issus d'utérus devenus de véritables usines à clones, autrement dit des cloneries.

Cloneries dont les productions sont loin d'être toutes réjouissantes, surtout si elles s'étendent à l'homme. Il ne s'agit pour le moment que d'une option lointaine, d'ailleurs combattue et même interdite récemment par quatre-vingts États mais je ne peux m'empêcher dès maintenant de voir par exemple en toutes les cellules de mon corps autant de futurs clones, autant de futurs doubles qui m'habitent et me hantent déjà. Si un jour le clonage devait s'étendre à l'homme, « permettant » ainsi de nous reproduire en un simple bourgeon de nous-même à la façon des plantes, une question se poserait alors immanquablement : serait-ce vraiment un progrès de devenir une bouture vivante, de devenir non un roseau mais un bourgeon pensant ?

Décibels

Aux dires des savants les plus autorisés, l'histoire de l'univers a débuté par une explosion gigantesque dont on imagine mal qu'elle ait pu se produire dans un total silence. Mais comme il n'y avait personne pour en juger, peut-on vraiment dire que ce Big-Bang fit grand bruit ? De toute façon, le bruit n'a cessé d'accompagner l'évolution du monde, et ce bien avant que l'homme n'apparaisse sur terre. Son arrivée n'a donc fait qu'ajouter des bruits nouveaux aux bruits naturels antérieurs comme ceux des sources, des fleuves, de la mer, des herbes, des arbres, des vents, des orages et même des galaxies dont on sait aujourd'hui qu'elles nous transmettent sous forme de rumeur sourde et de fond sonore permanent l'écho lointain du Big-Bang. Oui, l'homme n'a fait qu'ajouter ses bruits à tous les autres mais d'une façon incohérente et anarchique. Les tout premiers bruits humains caractéristiques furent évidemment le langage et le frottement studieux et répété de deux silex. Et les tout derniers parmi beaucoup d'autres, le bang des avions qui franchissent le mur du son.

Croissance exponentielle. Plus que cela même : démentielle !

Parmi les milliers de bruits nouveaux introduits par l'homme sur la terre figure la musique. Jusqu'à une date relativement récente, disons jusqu'à l'apparition des premiers disques en cire, il n'existait aucun moyen de réentendre les voix ou les musiques que l'on aimait. Depuis que l'enregistrement existe, la musique a pris dans notre vie une part considérable car des flots de musique inondent désormais nos oreilles dans tous les lieux publics, les rues, les foires, les marchés, les gares, les aéroports, les trains, les avions, les cafés, les magasins, les grandes surfaces, les halls d'accueil, les salles d'attente, les stades et même les cimetières et les crématoriums ! Et ce déluge sonore propose ou plutôt nous impose un choix mélomélique de musiques en tout genre, du quatuor de chambre à l'ouverture de cirque, du rap au grégorien, de la cantate au bel canto, du chant choral au cha-cha-cha. C'est bien plus qu'un déluge, c'est un nouvel hourvari et un charivari, un tintamarre évoquant le tohu-bohu primordial, un bourdon et un brouhaha inaudibles et inextinguibles. Dans ces conditions, le silence est devenu une denrée aussi rare et aussi précieuse qu'une eau de fontaine sans nitrate ou des aliments sans conservateurs.

Perclus de bruits et saturé de sons, plongé dans un fouillis sonore et musical quasiment ininterrompu, l'homme de la rue doit subir ce que le compositeur Erik Satie appelait déjà des musiques d'ameublement, musiques industrielles destinées non à être écoutées mais simplement à meubler le silence, en le remplaçant non par des notes mais par des décibels. Décibel : un des mots-clés de notre temps qui dit, définit et mesure l'intensité des flux sonores que subit chaque jour notre oreille. Qui, sans pour autant nous protéger, nous avertit des dangers menaçant notre ouïe. Et qu'on ne saurait appliquer à la légère à tous les sons ou tous les bruits. Aurait-on l'idée de dire d'un oiseau qui chante ou d'un ru qui murmure qu'ils émettent des décibels ? Les décibels, comme le rire, sont le propre de l'homme, de l'homme moderne s'entend, celui qui ne peut supporter le silence. Et qui, au bruit de fond de l'univers, à vrai dire très discret et très peu perceptible, préférera celui des lieux publics. Ce ronron quotidien, sonore et musical qui, de l'aube à minuit, enrobe, enveloppe, enserre ses oreilles contre la possible agression du silence. Heureusement ou hélas, cette victoire sur le silence est une victoire à la Pyrrhus. On le sait très bien aujourd'hui : l'excès d'intensité sonore, la démesure et la débauche des décibels mènent tout droit à la surdité. Ainsi pourrait se résumer l'aventure acoustique de l'homme sur cette terre : un fracas entre deux silences.

L'ange de Mars

UNE vallée avec deux collines apparaissant dans le lointain, un grand désert rougeâtre parsemé de milliers de rochers dispersés comme si un ancien déluge les avait jetés là contre l'horizon, voilà le paysage photographié par Pathfinder, la sonde américaine qui déposa sur Mars le 4 juillet 1997 à 19 heures 7 minutes et 25 secondes le robot Sojourner, baptisé plus familièrement Rocky. Plus rien ne semble étonner les Terriens d'aujourd'hui, y compris qu'un robot télécommandé de la Terre nous envoie des photos de Mars et surtout nous apprenne enfin que sur Mars il n'y a pas de Martiens mais par contre beaucoup de cailloux.

Et pourtant, comme ils ont hanté, terrorisé notre enfance et notre adolescence, ces Martiens verdâtres et gigantesques, monstres hydrocéphales nantis de jambes atrophiées qui débarquaient sur Terre pour nous exterminer ! Pourquoi nous voulaient-ils du mal ? Que leur avions-nous fait ? Aussi, quel soulagement – bien tardif je l'avoue – quand le 5 juillet dernier j'appris par la radio l'amarissage de Pathfinder, le déploiement et la sortie de Sojourner et l'assurance, dès les premières photos, qu'il n'y avait pas de Martiens sur Mars ! Déjà, les Sélénites nous avaient désertés et faussé compagnie depuis le jour de 1969 où Neil Armstrong avait mis le pied sur la Lune. Maintenant, c'était le tour des Martiens de retourner eux aussi au néant. À cette différence près que sur Mars ce ne furent pas les empreintes d'un pied humain mais les traces d'un minuscule robot, véritable jouet conçu pour les enfants martiens, qui vinrent chasser à jamais l'image des monstres extra-terrestres de notre enfance.

On s'en doutait mais maintenant on le sait avec certitude : les seuls habitants réels de Mars sont des cailloux, des galets, des rochers. Ceux notamment qui entourent le lieu où se posa la sonde et que Rocky alla explorer tour à tour. Des rochers si nets, si précis, si différenciés qu'on les baptisa aussitôt de noms particuliers, plus ou moins accordés à leur forme : Barnacle Bill, le plus proche de la sonde (du nom du coquillage appelé bernacle en français), puis, par ordre de distance, Yogi, Scooby Do (Scoubidou), Casper, Shark (Requin), Flat Top (Raplaplat), Desert Princess, Soufflé, Mini Matterhorn (Petit Cervin), Mermaid (la Sirène).

Sur les deux seuls mondes extra-terrestres explorés jusqu'à ce jour, la Lune et Mars, on retrouve le même paysage désolé, les mêmes déserts de rocs, les mêmes traînées de cendres, le même horizon net et le même ciel noir. « Tout est gris et très blanc, gris comme la craie lorsque vous regardez en direction du Soleil », avait dit Armstrong à propos de la surface de la Lune. « Un monde bicolore bleu et rouge. La partie est des rochers est bleuâtre tandis que leur face ouest est d'un rouge typiquement martien », précise à propos de Mars un astronome de la Nasa. Et quand le robot Rocky entreprit son premier déplacement vers Barnacle Bill, il laissa sur le sol des traces « révélant une fine couche de cendre rougeâtre recouvrant une roche blanche qui pourrait être un mélange de sels alcalins ». Partout, craie et cendre. Partout, un monde désert, inhumain et glacé. Un monde sans vie aucune. Sans Sélénites et sans Martiens. Dont les seuls visiteurs furent, des millions d'années durant, des milliers de météorites. Et aujourd'hui un minuscule robot, jouet savant télécommandé de la Terre, qui n'a laissé sur le sol rouge de Mars que la trace légère, infime, de ses roues. Comme la légère empreinte d'une aile ou d'un pas d'ange sur la cendre glacée de Mars.

Les mères porteuses

De tout temps les mères ont porté leurs enfants : sur leur dos, dans leurs bras, sur leur sein, leurs genoux et bien sûr dans leur utérus. Quand je dis : leurs enfants, j'entends bien leurs propres enfants car rien ne s'oppose à ce qu'une mère porte sur son dos, son sein ou ses genoux les enfants des autres. Mais pas, mais jamais dans son utérus. Du moins jusqu'à une date très récente car avant cette date, les mères portèrent toujours des enfants conçus, irrigués et nourris en leur propre sein et qui étaient comme le dit une prière célèbre « le fruit de leurs entrailles ».

Voici pourtant que ce scénario, mis au point et parfaitement interprété depuis l'apparition des mammifères, vient d'être modifié, voire ébranlé, par les récents acquis de l'embryologie qui permettent désormais d'implanter dans l'utérus d'une mère dite suppléante l'embryon conçu dans l'utérus d'une autre mère, incapable, elle, de le mener à terme. Ainsi, dans des cas pour l'instant limités, un enfant pourrait avoir deux mères : une mère conceptrice et une mère réceptrice, une mère donatrice et une mère détentrice, une mère qui le conçut et une mère qui le reçut, en deux mots une mère donneuse et une mère porteuse. Situation qui pose évidemment maints problèmes, au-delà des conflits et des rivalités possibles entre les mères. Car l'image jusque-là unique de la maternité se dédouble comme en un miroir où la mère donneuse serait la mère réelle et la mère porteuse, son reflet. Or, si l'on préfère, une image entomologique, où l'une produirait la chrysalide et l'autre, l'imago. Ou encore, en reprenant l'image de la mère poule, où l'une pondrait un œuf que l'autre couverait.

Mais foin de ces métaphores terre à terre et venons-en au vrai problème qui est théologique. Oui, théologique car si l'on réfléchit à cette étrange condition de mère porteuse et si l'on cherche dans le passé des exemples possibles, on verra que ce ne fut pas en 1979 ni aux États-Unis que naquit le premier enfant du sein d'une mère porteuse (comme l'affirment les historiens) mais ailleurs, il y a bien longtemps de cela. En un lieu, crèche ou crypte, où vint au monde un nourrisson nommé Jésus né d'une mère prénommée Marie, mère vierge qui plus est, porteuse d'un enfant conçu non d'œuvre d'homme mais par « l'ombre de l'Esprit-Saint qui recouvrit Marie », comme nous le dit saint Luc. Ici, s'impose alors une autre image que celle de réceptrice, que celle de réceptable : celle de Tabernacle.

Comme on le voit, on ne saurait, quand il s'agit de mères porteuses, toucher aux points sensibles de la conception sans par là même aborder la théologie. Reste à savoir quel peut être l'avenir d'un enfant né de ce double sein, sous cette double étoile, né d'une mère selon l'Ovule puis d'une mère selon le Ventre. En toute logique – disons même en toute bonne foi –, un tel enfant ne devrait naître que sous le signe des Gémeaux.

Nautes, internautes et cybernautes

FLUCTUAT *nec mergitur*. Cette devise bien connue fut celle des Nautes, ces bateliers gallo-romains qui assuraient la navigation sur la Seine au temps de l'ancienne Lutèce. C'est un mot qui vient du grec *nautis* qui signifie marin, à cette nuance près qu'il désignait en Grèce non des marins d'eau douce mais des navigateurs souvent de haute mer. La fortune voulut qu'il serve par la suite à désigner toutes formes de navigation sur toutes sortes d'ondes, les ondes marines bien sûr puis les ondes aériennes et les ondes spatiales avec les navigateurs des astres (astronautes), ceux de l'espace (spationautes) et ceux de l'univers (cosmonautes). Enfin, tout récemment, ce millénaire suffixe permit de désigner aussi ceux qui naviguent sur les ondes électroniques d'Internet, autrement dit les Internautes.

J'ai dit ceux qui naviguent mais il faudrait plutôt dire, selon l'expression consacrée, ceux qui surfent sur le Net et le Web ou, si l'on préfère, sur le Réseau et sur la Toile. Surf est un mot anglais mais une pratique polynésienne consistant à demeurer en équilibre sur une planche en bois et sur la crête des lames qui déferlent jusqu'au rivage. Dans surfer, il y a surface. Surfer, c'est exactement le contraire de plonger, c'est en principe faire surface sur la crête des vagues et surfer sur le Net, c'est naviguer de site en site ou de fil en fil à travers le Web. Ici, nous ne sommes plus sur mer ni dans les airs mais dans un interespace (pour rester dans le vent du surf), sur une toile arachnéenne à texture électronique où les usagers tissent entre eux des fils, des liens et des messages permettant d'établir des communications interactives. Tissage, texture, toile, araignée, fils, filets, réseaux, ondes, vagues, surf, plages et Polynésie, il y a vraiment de tout dans le Web ! Comment navigue-t-on sur ces ondes ? Grâce à une souris en plastique permettant de cliquer (encore un mot plein d'avenir) sur les sites et les sujets voulus. Tout un arsenal linguistique éprouvé permet donc aujourd'hui de surfer sur le Net sans risque de noyade. *Surfuat nec mergitur*, voilà quelle devrait être la devise des nautoniers de l'Internet, autrement dit des Internautes.

Restent les Cybernautes. *Cyber* est ici un préfixe qui semble moderne mais qui, en réalité, est un mot de plus de trente siècles. Il vient du grec *kuberno* qui en premier veut dire gouverner un bateau, tenir un gouvernail. Mais, comme les Grecs étaient à la fois des marins et des gens passionnés par la politique, ils se servirent du lexique de la navigation pour désigner aussi l'art de gouverner les hommes. D'où ce mot de *cybernétique*, inventé ou utilisé par

Aristote pour désigner l'art du gouvernement. Mot que reprit en 1948 le mathématicien américain Norbert Wiener – homme au demeurant féru de latin et de grec ancien – pour désigner la nouvelle science qu'il mettait au point, à savoir le champ théorique des contrôles et des communications des machines et des êtres vivants, l'art en somme de s'autogouverner. Ainsi, grâce à ce terme de *cyber*, la boucle est-elle bouclée entre les tout premiers marins grecs et ceux qui aujourd'hui naviguent sur le Net.

Les cratères de Vénus

VÉNUS. La plus lumineuse (puisqu'on la nomma aussi Lucifer) et la plus féminine des planètes de notre système. Vénus, qui depuis toujours dérobait ses charmes sous d'épaisses nuées et de célestes voiles, ne pouvait manquer, le jour où l'on percerait son mystère, de nous offrir des croupes rebondies, des mamelons dodus et autres rotondités séduisantes. Hélas ! Dès les premières photos envoyées par les sondes américaines et russes et surtout depuis celles que fit parvenir la dernière en date, la sonde Magellan, il faut cruellement et définitivement déchanter. « Incroyablement tourmentée, la surface vénusienne évoque tout à la fois la vallée du Rhin, le rift africain, les failles sismiques de la Californie, les volcans du Pacifique et les régions montagneuses de l'Utah et du Nevada », écrit Albert Ducrocq. Il faut donc se rendre à la triste évidence : le visage de Vénus n'a rien de celui d'une déesse dans la fleur de l'âge. Couturé de rides, de failles et couvert de cratères, il présente plutôt une face de courtisane décatie, terriblement marquée par les cicatrices de son lourd passé vénérien !

Mais après tout que nous importe ? Nul humain n'ira jamais convoler sur Vénus depuis que l'on connaît la température moyenne de sa surface : quatre cent soixante-dix degrés ! Vénus est une serre surchauffée, une alcôve suffocante propre, on s'en doute, à décourager toute ardeur. Il faut donc faire son deuil des visions légendaires qui s'étaient jadis imposées – une planète couverte de forêts immenses comme l'était la Terre au temps du Carbonifère, humide et luxuriante – et se contenter de l'observer de loin, à l'écart de ses températures et de ses vents solaires. Et qu'y voit-on dès qu'on l'observe ? Des centaines et des centaines de cratères, repérés par la sonde américaine Magellan qui en a identifié plus de neuf cents. Comme cette planète est la seule de notre système à avoir un nom féminin (la Lune étant hermaphrodite, féminine ou masculine selon les langues), la commission de la Nasa préposée aux appellations planétaires a proposé, à fort juste titre, de donner à chacun de ces neuf cents cratères le nom d'une femme célèbre de l'Antiquité à nos jours. Une femme, précise néanmoins la commission à propos de celles qui vécurent au XIXe et au XXe siècle, qui n'aura joué aucun rôle politique, militaire ou religieux. Cela, je pense, pour ne pas déplacer ni reproduire sur Vénus, planète de l'amour, les conflits et les haines propres à notre Terre.

Quand les neuf cents cratères auront enfin chacun leur nom, Vénus retrouvera en partie sa vocation première en devenant le premier gynécée du ciel. Un gynécée soumis à de strictes conditions de visite, puisque limitées aux seules sondes spatiales et inhabitées. Ces sondes ne pourront que l'effleurer ou se poser sur sa surface un temps très court mais ce qu'elles nous apprendront confirmera certainement ce que déjà nous en savons : à savoir que la nouvelle Cythère, comme on l'appela très longtemps, décourage et même interdit tout embarquement. Car, hélas, comme en témoigne sa peau ridée et craquelée et les mille ecchymoses laissées par les météorites, elle a l'âge de ses cratères.

Alice au pays du virtuel

Reprenons l'image de Narcisse, entraperçue dans « Cloneries », cette image reflétée par la surface étale d'une eau dormante. Le reflet provenant d'un miroir, qu'il soit de verre ou d'eau, n'est pas une image irréelle mais elle n'a pas pour autant de réalité matérielle. Elle est une simple convergence de rayons lumineux inversés, un fantôme – mais non un fantasme – de photons, provisoire et désincarné. Ayant pris son reflet pour une image réelle, Narcisse se noya en voulant la rejoindre. On voit ce qu'il en coûte de ne pas savoir reconnaître une image virtuelle !

À vrai dire, virtuel, virtualité, virtuellement ne sont pas des termes nouveaux. Ils sont utilisés depuis longtemps dans la vie courante et en philosophie au sens de latent, possible ou potentiel. Mais avec la naissance de l'informatique, de l'ordinateur et des images de synthèse, le champ de ce mot a repris une extension considérable. Désormais, les images, personnages, paysages que l'on peut voir sur le petit écran (celui d'une télévision ou d'un ordinateur) peuvent provenir, soit du monde réel (dans les documentaires, par exemple), soit d'un monde fictif (dans ce qu'on nomme les dramatiques et les feuilletons), soit d'un monde entièrement virtuel, notamment avec les images de synthèse. Dans ce dernier cas, l'écran devient une sorte de miroir magique qui vous offre, comme celui que franchit la petite Alice dans le livre de Lewis Carroll[1], la possibilité d'accéder à la réalité simulée d'un monde imaginaire. Qu'est-ce, d'ailleurs, dans le pays d'Alice que le lapin et le chat du Cheshire – avec son fameux sourire – sinon un lapin, un chat et un sourire virtuels ? Autant s'y faire et pour cela rédiger dès maintenant (puisqu'il n'existe pas encore) un *Guide de voyage en pays virtuel* pour apprendre au futur voyageur virtualiste à déceler les pièges et les périls qui l'attendent mais aussi à lui présenter les merveilles espérées. Si vous rencontrez une flamme, par exemple, au royaume des virtualités, elle brillera comme une vraie flamme mais ne pourra pas vous brûler. Pas plus qu'un jet d'eau virtuel ne pourra vous mouiller ou qu'une jeune beauté virtuelle ne pourra vous serrer contre ses seins virtuels ! Le voyage en Virtualité, comme le voyage en Utopie auquel il ressemble beaucoup, implique donc une attention, une vigilance, une lucidité de chaque instant car ce monde de la parfaite simulation, de la pure apparence a ses lois propres et ses règles trompeuses. Méfiez-vous bien, par exemple, d'une rencontre avec un tigre virtuel dans une jungle virtuelle car si ce tigre ne peut vous occasionner que des blessures virtuelles,

---

1. *Alice au pays des merveilles* et *Alice à travers le miroir.*

l'émotion éprouvée à sa vue peut provoquer en vous les mêmes effets que ceux d'une rencontre réelle !

Ainsi, ces espaces encore peu connus de la Virtualité joignent-ils les effets conjugués d'un foyer d'Illusions et d'un voyage en Utopie. Qu'il s'agisse d'imiter et de simuler le réel ou au contraire de recréer un univers entièrement original, le procédé amplifie et intensifie tout ce que théâtre et cinéma s'étaient efforcés d'inventer à ce jour. Car ici la ressemblance avec le monde réel peut être si poussée qu'on ne saurait parfois sortir intact d'une telle confrontation. Les expériences menées aux États-Unis à l'université de Michigan dans le laboratoire de réalité virtuelle et celles, plus performantes encore, du zoo d'Atlanta où des gorilles virtuels (nommés cyberprimates) folâtrent en liberté dans une cyberjungle, ont montré que des séjours prolongés en milieu virtuel peuvent entraîner des traumatismes dangereux et durables. Le terme exact employé pour de tels séjours est celui d'immersion. Immersion : voilà qui nous ramène paradoxalement à Narcisse. Commencé il y a fort longtemps sur la surface étale – ou l'écran – d'un étang mythique, le voyage en pays virtuel se poursuit aujourd'hui au cœur de miroirs dédoublés, de mondes parallèles au nôtre mais où les lois fondamentales – à commencer par les lois optiques – éclairent d'autres chemins. Un monde où délices et délires se côtoient à seule fin de nous enchanter ou de nous enchaîner.

Alors, une question se pose nécessairement et immanquablement : le premier des espaces virtuels imaginés pour l'homme ne fut-il pas l'Éden ? Et la faute commise par nos lointains ancêtres, incités par un serpent virtuel à manger une pomme virtuelle, n'aurait-elle entraîné qu'un châtiment et une chute virtuels ? Aux théologiens – ou plutôt aux théologiciens, auteurs de logiciels à contenu théologique – de se pencher sur cette question. Question dont la réponse est non pas *In principio erat Verbum* (Au début était le Verbe) comme le dit saint Jean mais *In principio erat Virtuas* : Au début était le Virtuel.

Jouets en jeu

J'ai sous les yeux deux catalogues où figurent des jouets, celui de la Manufacture d'Armes et Cycles de Saint-Étienne de 1937 et celui d'un grand magasin d'aujourd'hui pour Noël 1997. Dans le premier, on voit surtout des jouets en bois, jeux de boules, de croquet, de quilles, de tonneau et quelques jouets mécaniques, camions, autos, avions, usines miniatures et divers assemblages réalisables en Meccano. De toute évidence, ces jouets répondent à des besoins très simples et principalement pacifiques, ce sont des jouets pour passer le temps agréablement plus que pour se livrer à d'ardentes compétitions. Des jeux enjoués, si je puis dire. Un seul d'entre eux, cette année-là, se distingue de tous les autres, une innovation amusante mais onéreuse, le pathéorama, lanterne magique de poche permettant de visionner des vues de paysage aux couleurs criardes, devant lesquelles tous les adultes s'extasiaient.

En ce jour de décembre 1997, que vois-je sur le catalogue de ce grand magasin et surtout qu'est-il écrit sur la notice d'un des jouets intitulé Star Wars,

Guerres d'étoiles ? « Jeu de combat spatial et galactique mettant face à face les astronefs de l'Alliance face à ceux de l'Empire. Jeu parlant avec astéroïdes, pirates de l'air et vaisseaux spatiaux. » Ainsi, en cinquante ans, nous sommes passés du champ de boules ou de croquet au champ d'étoiles, des avions réduits avec moteur en caoutchouc aux fusées et vaisseaux spatiaux. Tous ces jeux, et bien d'autres encore, figurent sur ce catalogue qui s'adresse, je le précise, aux enfants à partir de cinq ans, et exalte la compétition, l'affrontement, les guerres en tout genre (sur terre, sur mer, dans les airs et dans les galaxies) avec bruitages appropriés et dizaines de combinaisons possibles quant à l'issue de ces batailles. Les héros les plus connus aujourd'hui de ces affrontements titanesques, héros qui jadis avaient nom Luc Bradefer, Guy L'Éclair ou encore le Fantôme, se nomment aujourd'hui Gormongus, Gargantis, Megazord, Batman et Spiderman, Léo Ranger ou Beetleborg. Ce sont pour la plupart non des humains mais d'effrayants robots qui vont, quant à leur apparence, du primate électronisé au bulldozer humanisé. Ils sont tous télécommandables et les enfants (à partir de trois ans, précise une autre notice) peuvent ainsi se livrer à des guerres intergalactiques avec leurs voisins de palier. Chaque adversaire étant théoriquement invincible, vu son harnachement guerrier, ces guerres peuvent en principe se poursuivre indéfiniment. Car il ne s'agit plus dans tous ces jeux de mener le seul combat qui vaille, comme celui de David et Goliath, qui oppose la ruse et le courage du faible à la brutalité et la stupidité du fort, mais de l'affrontement d'une infinité de Goliath équipés d'armes identiques. Il est d'ailleurs amusant de voir que certains de ces forcenés futuristes ne dédaignent pas, quant à leur apparence, de recourir à des antécédents bestiaux, de type simiesque et dinosaurien, comme Gormongus par exemple, véritable cybergorille extragalactique ou Ultra Rex, une créature hybride née sûrement des amours incongrues d'un dinosaure et d'une armure médiévale. Quant à leur armement, qui va des rayons laser aux pistolets désintégrateurs et aux fusées portables, il donne à tous ces androïdes baraqués une allure d'automates arthritiques ou de robots ankylosés. Mais l'élément le plus novateur réside dans l'autonomie de ces monstres électroniques. Certains d'entre eux, les plus perfectionnés, sont capables d'improviser des réponses devant des obstacles imprévus. Les jouets modernes tendent ainsi à devenir plus autonomes, à jouer en quelque sorte leur propre jeu, à se libérer de la tyrannie de l'enfant.

En écrivant ces lignes, je pense à une chanson qui eut son heure de gloire dans les années 1935. Elle s'intitulait justement *La Révolte des jouets* et racontait l'histoire de jouets – soldats, ours, pantins et cavaliers – qui, las d'être brutalisés, se rassemblaient pour aller corriger leur bourreau. Mais, en le surprenant endormi dans son lit, ils s'attendrissaient et regagnaient gentiment leur placard. La morale naïve et plate d'une telle chanson ferait sourire tous les enfants modernes. Les enfants d'aujourd'hui, eux, ne rêvent que massacres, exterminations, apocalypses, guerres des étoiles menées par des robots inaccessibles à tout attendrissement. Qui sait si, en s'éveillant un matin, l'enfant ne surprendra pas devant lui, dispersés, disloqués à terre, les membres de tous ses héros favoris qui se seraient livré la nuit à une guerre sans merci ? Je suis persuadé que l'on fera un jour des jouets si stupidement parfaits qu'ils n'auront plus aucun besoin de nous pour s'amuser entre eux. Mais pourra-t-on alors continuer à les appeler des jouets ? Et ne serait-ce pas nous, nous les non-androïdes, qui serons devenus le jouet de nos propres désirs et de nos propres inventions, le jouet de nos propres jouets ?

Homo interactivus

Depuis l'époque des cavernes – et surtout à cette époque-là – la survie physique de l'homme a dépendu de son activité. Rester inactif devant la charge d'un mammouth ou d'un rhinocéros à narines cloisonnées eût risqué d'entraîner de très sérieux ennuis. Par la suite, les dangers changèrent de nature sans pour autant dispenser l'homme de rester actif et vigilant. Mais à la veille du troisième millénaire, de nouveaux défis apparaissent qui impliquent, pour les relever et surtout pour les surmonter, de ne plus se contenter d'être actif mais de devenir interactif.

Au sens premier du mot, l'interactivité, c'est l'action réciproque d'une chose sur une autre. Mais aujourd'hui, avec le règne de l'informatique et des multimédias, le mot a pris le sens de choix, d'initiative, de participation aux multiples possibilités offertes par l'échange de messages, d'images, de sons, à travers le monde. Être interactif, c'est réagir et non seulement agir, c'est choisir au lieu de subir. C'est, par exemple, ne plus se contenter d'admirer un tableau reproduit sur un écran d'ordinateur mais s'y introduire pour s'y promener. Voire pour s'y promener à plusieurs et effectuer ainsi une visite virtuelle interactive. C'est aussi, pourquoi pas ? intervenir sur le tableau lui-même, si quelque chose ne vous convient pas dans la façon dont il est traité. Ce que fit il y a cinquante ans – et sans savoir alors qu'il faisait de l'interaction – le peintre Salvador Dali quand il orna le visage souriant de la Joconde d'une superbe paire de moustaches !

Avec les jeux, et particulièrement les jeux d'enfants, l'interactivité a trouvé un terrain de choix car les enfants sont par nature interactifs. D'où ces récits d'aventures où l'enfant-lecteur peut intervenir dans l'histoire en choisissant tel itinéraire, telle épreuve et tel dénouement. En devenant lui-même, en somme, le héros – et non plus le lecteur passif – du récit. L'interactivité serait donc, d'après certains, promise à un tel avenir qu'elle détrônerait les livres, les musées, les concerts et les voyages organisés pour devenir un jeu, un passe-temps, voire une occupation universelle, internautique et, bien sûr, intercommunicative. À cette réserve près, toutefois, que même s'il est relié au monde entier par les filets du Net, l'usager demeure seul devant son écran dans la pénombre d'une pièce et ne vit ses désirs que par procuration. Un monde interactif est un monde où des milliers de gens bavardent, écrivent, dessinent et communiquent avec les autres habitants de la planète tout en restant chez eux, au cœur d'un rassemblement solitaire. L'écran d'ordinateur devient une sorte de hublot donnant non sur la mer mais sur un monde de mots, de lignes, de signes, d'images, de représentations qui ne proposent que des rencontres, des échanges, des voyages virtuels où l'on ne risque pas, en surfant d'ondes en ondes, d'être couvert d'embruns ! Ainsi, le moderne Internaute reste-t-il, quoi qu'il en pense, un promeneur solitaire, isolé dans sa sombre cabine, l'œil rivé à son hublot. Un peu comme dans l'allégorie de la caverne où Platon, pour illustrer la condition humaine et son arrachement à l'Essence du monde, montre des hommes rassemblés dans une grotte au cœur de l'obscurité, les yeux rivés vers son entrée où défilent des ombres qu'ils croient être la réalité.

Ainsi s'est tracée peu à peu la déroutante évolution de l'homme : de l'*Homo activus* des cavernes à l'*Homo interactivus* d'aujourd'hui, de l'entrée d'une grotte antique – réelle ou allégorique – à l'écran-hublot de l'ordinateur. Et toujours pour surprendre des ombres. Le progrès consisterait-il uniquement à changer de caverne ?

Les yeux du ciel

DEPUIS quatre décennies, nous ne sommes plus seuls sur la Terre. Faute, depuis des siècles, d'avoir pu savoir avec certitude si les anges existent, on a choisi de peupler notre ciel de satellites artificiels. Et leur nombre, depuis le 4 octobre 1957, date du lancement du premier *Spoutnik*, ne cesse de s'accroître, au point que, tôt ou tard, il dépassera celui des « purs esprits » proposé par Denys l'Aréopagite dans sa *Hiérarchie céleste*. Précisons, puisque je le cite ici, que cet auteur mystérieux, qui aurait vécu au ve siècle après J.-C., fut le premier à établir et à proposer une hiérarchie précise et fonctionnelle des créatures célestes. Il existe donc d'après lui neuf classes d'anges réparties en trois ordres. Le premier est celui des Séraphins, des Chérubins et des Trônes qui sont les plus proches de Dieu et chantent sans cesse ses louanges. Le deuxième ordre comprend les Dominations, les Vertus et les Puissances. Ils vivent dans l'espace intermédiaire entre le ciel divin et celui de la Terre. Le troisième est celui des Principautés, des Archanges et des

Anges qui vivent, eux, à proximité de la Terre et ne craignent pas d'ailleurs d'y descendre et de se mêler aux humains.

Je sais très bien que la science des satellites artificiels n'a que peu à voir avec l'angélologie et qu'on ne recrute pas les ingénieurs de l'espace chez les théologiens, mais cette disposition et cette hiérarchie des anges m'incitent malgré tout à poser – ou du moins me poser – une question : si Denys l'Aréopagite revenait parmi nous, dans quel ordre céleste classerait-il les satellites ? Pour ma part, en tout cas, je les situerais dans le second, celui des Dominations, des Vertus et des Puissances car comme eux (ou comme elles, je ne discuterai pas ici du sexe des anges ni de celui des satellites) ils occupent l'espace intermédiaire séparant notre Terre de l'éther infini. Dans ce dernier, opèrent plutôt les sondes spatiales, savantes chérubines qu'on entoura des plus grands soins et qui vont voleter dans l'espace bien au-delà de notre système. Ce qui n'est pas le cas des satellites qui, stationnaires ou orbitaux, restent ou tournent au-dessus de nous, les yeux fixés sur notre planète sans qu'on sache vraiment si, comme les anges décrits dans la Genèse, « ils trouvent que les filles des hommes sont très belles ». Je ne pense pas que le rôle des satellites stationnaires soit d'observer les femmes terrestres en tenue d'Ève car pour cela une bonne paire de jumelles peut largement suffire. Mais si je dis, ou plutôt si j'écris, parlant des satellites, qu'ils ont comme les anges les yeux fixés sur nous, c'est qu'une grande partie d'entre eux, les SPOT français notamment (Satellites d'observation terrestre), sont pourvus de caméras braquées en permanence sur notre Terre. Elles permettent d'effectuer des mesures et des observations d'une précision impensable jusqu'à ce jour comme calculer au centimètre près l'écartement des continents, l'amplitude des marées, les rayonnements infrarouges ou de déceler la formation des futurs cyclones, les déplacements des bancs de poissons ou l'envol des nuées d'insectes (ce qui prouve, si besoin était, que se déplacer en troupeau, qu'on soit homme, poisson ou criquet est toujours à déconseiller), bref, ces satellites sont devenus des surveillants célestes, veillant jour après jour, nuit après nuit, à la bonne marche de la Terre, autrement dit les nouveaux anges gardiens de notre ciel.

À cela près que leurs noms sont moins beaux, moins harmonieux que ceux des anges et des archanges. Passe encore pour Éole, Érato, Diadème, Diapason, Castor, Pollux ou Starlette (pour les satellites français) mais que penser d'Itos, Essa, Goes, Uars, Ogo, Oso, Heao, Imews, Cobe, Gro ou Axaf ? Ces noms n'évoquent rien dans notre esprit car ils sont purement fonctionnels. Comme beaucoup de ces satellites tournent très vite et à des hauteurs différentes, il arrive que certains d'entre eux se désagrègent peu à peu pour former des fragments plus ou moins importants dont quelques-uns finissent par tomber sur le sol. Ils deviennent alors des OVI (Objets volants indésirables) avant de finir en OTI (Objets tombés indésirables). Ce dernier terme n'existant pas, je viens de l'inventer pour pallier cette lacune.

Tel serait donc, de nos jours, le dernier mot de l'angélologie, l'ultime nom des nouveaux anges déchus. Non pas Satan, Furfur ou Belzébuth mais simplement OTI.

L'ADN de Néandertal

De toutes les interrogations physiques et métaphysiques que je me posais au temps de mon adolescence mentionnées dans *Ce bel aujourd'hui*, deux ont déjà trouvé réponse : il n'y a pas de Sélénites sur la Lune ni de Martiens sur Mars. La troisième concernait alors l'origine de l'homme, la recherche du chaînon manquant, les muettes réponses de la Terre qui livrait fréquemment des ossements fossiles mais sans, dirais-je, de mode d'emploi précis.

Parmi tous les fossiles humains découverts ici et là depuis un siècle, l'un d'eux m'avait toujours plu, par son nom étrange et aussi par toutes les hypothèses, discussions, reconstitutions hasardeuses qu'il avait provoquées : l'homme dit de Néandertal. C'était déjà, lui aussi, un *Homo sapiens* mais nettement moins évolué que l'homme de Cro-Magnon, au point que certains voulaient l'exclure totalement de la lignée menant à l'homme actuel. D'autres préhistoriens y voyaient au contraire un essai maladroit mais certain, un relais prometteur sur la voie de notre émergence. L'homme de Néandertal, ai-je dit, était considéré comme un *Homo sapiens*. Mais comme un *Homo* (au sens paléontologique du terme, évidemment) ne saurait être *sapiens* à demi ou au tiers, il fallait fatalement opter pour l'une ou l'autre solution : ancêtre ou non-ancêtre de l'*Homo sapiens* d'aujourd'hui. Cette querelle dura des décennies et durerait encore si, l'an dernier, en 1996, une équipe de généticiens allemands n'avait réussi à extraire de l'ADN[1] d'un os fossile de Néandertalien. Un ADN de plus de cinquante mille ans ! L'analyse de cet ADN fut formelle : l'homme de Néandertal appartient à une autre lignée que la nôtre et ne peut être notre ancêtre. D'ailleurs, la race entière disparut il y a trente-cinq mille ans environ.

Je ne suis pas certain que cette information – qui peut sembler un peu tardive – fasse à tous l'effet d'une révélation. Pourtant, en ce qui me concerne, elle m'a procuré une sorte de soulagement. Comme celui qui vous envahit quand des parents ou des amis qui s'étripaient depuis vingt ans finissent par se réconcilier. Oui, comme un soulagement, tout relatif d'ailleurs puisqu'il provient lui aussi d'une réponse négative. Je sais maintenant, au risque de me répéter, qu'il n'y a pas de Sélénites sur la Lune ni de Martiens sur Mars mais pas non plus de Néandertaliens clandestins parmi nous.

Il faut donc faire son deuil des images souvent troublantes ou fascinantes que l'incertitude des spécialistes avait accumulées dans les publications

1. Acide désoxyribonucléique qui possède une structure en double hélice et constitue le support matériel de l'hérédité.

savantes ou la presse populaire. Maintenant que nous sommes libérés de cette dette ancestrale, libérés de tous liens affectifs et surtout génétiques avec l'homme de Néandertal, nous pouvons relire sans arrière-pensées les descriptions peu engageantes qu'on en faisait : front bas avec arcades sourcilières proéminentes, crâne fortement surbaissé, prognathisme très prononcé, courte taille, jambes très arquées, démarche lourde, rien de très exaltant en cet ancêtre congédié. Qui – dirais-je par chance ? – s'est éteint sans laisser de trace il y a plus de trente mille ans. Il faut donc renoncer à cet aïeul prognathe envers lequel, l'avouerai-je, j'ai toujours eu un certain faible. Prognathe, oui, il l'était bien évidemment mais outre le fait qu'il l'ignorait lui-même, ils étaient tous ainsi et n'y trouvaient rien d'étonnant, encore moins de répréhensible. Qui sait même si un prognathisme prononcé n'était pas un signe recherché dans le choix d'un partenaire sexuel ? S'il avait existé il y a quarante mille ans, dans la vallée du Néander d'où provient le premier fossile, un concours de beauté pour élire miss Néandertal, la plus prognathe eût sûrement été primée. Donc, ne regrettons rien mais ne nous félicitons pas pour autant. Nous descendons des Cro-Magnon, la chose est maintenant assurée mais nous n'y sommes absolument pour rien et là encore, comme pour l'apparition de la sexualité chez les organismes pluricellulaires, nul ne nous a consultés pour nous demander notre avis.

La seule chose qui, en ce congédiement, me laisse néanmoins songeur, c'est qu'étant reconnu comme un *Homo* à part entière (voir la parenthèse précédente), on peut supposer que l'homme néandertalien était doué de conscience, de langage et qu'il avait une âme. La preuve ? Il enterrait soigneusement, rituellement ses morts et cela, aucun animal ne le fait. Notre faux ancêtre était prognathe mais il croyait à l'au-delà, c'est sûr. Alors, une fois de plus, je me pose une question à laquelle je sais que je ne peux répondre : quand une espèce humaine disparaît corps et biens sans laisser sur la Terre le moindre descendant, que deviennent ses morts et leur au-delà disparu ? Cet au-delà rejoint-il ceux des autres peuples oubliés ou disparaît-il à jamais ? Pas plus que les téléphones portables ne peuvent nous mettre en communication avec les anges – ce qui serait leur meilleure raison d'être – l'ADN ne peut répondre à nos questions sur l'au-delà.

L'énigme de la nuit

DEPUIS que notre ciel fourmille de sondes spatiales, les informations ne cessent de nous parvenir en provenance des hautes sphères. Elles nous révèlent par exemple qu'il ne cesse de pleuvoir depuis des millions d'années sur Jupiter, Saturne et Uranus et que cela risque fort de durer encore très longtemps. Pas une pluie torrentielle, d'ailleurs, ni un déluge extra-biblique mais une sorte de crachin sidéral, de buées d'eau micronisée qui surprirent tous les astronomes.

Autre nouvelle récente et qui me surprend plus encore (mais il faut dire qu'en ce domaine je suis un parfait béotien) : « Les neuf dixièmes de l'univers échappent toujours aux astronomes », titrait dernièrement une des pages scientifiques du journal *Le Monde*. Ou encore dans un autre journal et sous un autre titre : « Qu'est devenue la masse manquante de l'univers ? » Et moi qui croyais que depuis Ptolémée l'astronomie avait fait des progrès ! Bien sûr qu'elle en a fait, et des progrès considérables, mais plus on explore l'univers et plus s'étend le champ des investigations, plus se posent de nouvelles questions. Car l'image du monde conçue jadis par Ptolémée a l'air d'un véritable jeu d'enfant à côté de celle que proposent les astrophysiciens d'aujourd'hui. Ce ne sont plus le problème des saisons, celui des phases de la Lune ou des taches du Soleil qui préoccupent les savants modernes mais l'expansion ou le futur effondrement de l'univers, le Big-Bang et le Big-Crunch et autres sujets physico – ou métaphysico – cosmiques.

De tous les nouveaux mystères posés par l'univers, le plus étonnant reste encore l'énigme de cette masse perdue – ou plutôt invisible et dissimulée – qui échappe pour l'instant à toute investigation et aussi celle de la nuit, je veux dire de l'évidente prééminence du noir – disons de l'absence de lumière – dans l'ensemble de l'univers. Oui, pourquoi le ciel nocturne est-il noir, pas seulement celui qui entoure notre Terre mais l'espace tout entier, galactique et intergalactique ? Quand des astrophysiciens chevronnés se posent une telle question – pourquoi la nuit est-elle noire ? – je me sens de plain-pied avec leur ciel – si je puis dire – car il rejoint le nôtre. Que la nuit soit noire ne semblait – jusqu'au jour fatal où je lus cet article – n'avoir frappé personne autour de moi : aucune nuit n'est blanche, si ce n'est chez les insomniaques et les peuples du cercle arctique. Nul, donc, jusqu'à ce jour, ne s'est jamais étonné de la noirceur des nuits, et ce bien à tort car là peut-être réside la réponse au mystère de notre existence. J'apprécie particulièrement la démarche savante quand elle nous révèle la grandeur et la complexité des choses les plus simples. Personne, non plus, ne s'étonna pendant des siècles de voir les pommes tomber des arbres. Jusqu'au jour où un certain Newton s'avisa, lui aussi, de savoir pourquoi. Et découvrit conséquemment les lois de la gravitation des pommes autour des arbres et celles des planètes autour des étoiles.

Oui, je ne cesse désormais de poser – me poser à moi-même – la ténébreuse question : pourquoi la nuit est-elle si noire ? Un noir qui, si on l'observe bien à l'œil nu, apparaît si dense, si épais, si profond, qu'il devient comme la toile de fond de l'univers, sa trame intime, son éther d'ébène. Je me souviens qu'au temps jadis, sur les bancs du lycée, nous avions étudié un poème de Victor Hugo qui finissait par : « Un affreux soleil noir d'où rayonne la nuit. » Voilà une parole, une réponse et même une vision de poète ! La nuit, ici, est, elle aussi une lumière, une lumière émise, vivante et rayonnante. Une lumière sensible puisqu'on la voit, qu'on la perçoit, qu'on la reçoit. Alors, autant s'en tenir à la vision et à la parole du poète et répondre à la subtile et sagace question des savants : pourquoi la nuit ? Mais simplement parce que sans elle on ne verrait pas les étoiles et que l'astronomie ne serait sans doute jamais née. Pourquoi la nuit ? Parce que, aux interstices des galaxies comme aux ourlets de l'infini, elle laisse paraître et briller les étoiles, pour que nous nous sentions un peu moins seuls.

Pylônes

ILS sont partout, immanquables et frêles, au cœur de nos campagnes comme aux abords des villes, avec leurs bras tronqués et leurs jambes ajourées. Selon la tension du courant qu'ils transportent, ils peuvent avoir des formes différentes mais qui toujours évoquent des ossatures d'épouvantails, des squelettes transis de vent, des robots écorchés et réduits au lacis de leurs nerfs métalliques. Vus de loin – et en rêvant un peu –, on les prendrait pour de rigides dentelles, érigées contre l'horizon, broderies de la fée Électricité. Mais cette image se modifie à mesure que l'on approche, la dentelle devient treillis et le treillis poutrelles. Relevant la tête, on constate que l'écheveau de fils tendus entre les dévidoirs géants s'est mué en un réseau de câbles parallèles reliés à des isolateurs. Si d'aventure on s'attarde un peu en dessous de ces câbles, on perçoit dans les airs un ronronnement léger et quand le vent s'en mêle un murmure lancinant. C'est l'épopée plaintive, la mélopée de l'électricité.

Oui, ils sont partout, frêles et immanquables, inséparables du paysage de nos campagnes mais si distincts de lui, si disparates en leur élancement qu'ils sont devenus les amers du promeneur moderne. Quiconque viendrait à s'égarer entre deux collines ou deux gorges retrouvera vite son chemin pour peu qu'il aperçoive la silhouette émaciée des pylônes ou, mieux encore, leurs alignements réguliers. Quoi de plus rassurant, lorsque l'on s'est perdu, que ces jalons visibles de partout ? Ces câbles tendus contre le ciel sont les fils d'Ariane des chemins qui, refusant tout labyrinthe, vous conduiront tout droit vers un village ou une ville. D'ailleurs, les jours de grand soleil, ces câbles projettent sur le sol une ombre nette, rectiligne, qu'Euclide eût sûrement aimée.

Mais c'est par temps de brume qu'ils prennent leur vrai sens et c'est par temps de brume qu'il faut les découvrir, fantômes faméliques surgissant du brouillard en posture d'atlantes. Sans, immanquables et frêles, ces ossatures géantes et ces squelettes transis de vent, comment vivrions-nous dans nos villages et dans nos villes puisque sans eux nous n'aurions ni chaleur ni lumière ? Amers des paysages d'aujourd'hui, ils sont notre nouveau Zodiaque, dressant contre le ciel leurs constellations ronronnantes et tissant au-dessus de nous, graciles mais lourdes d'énergie, les toiles arachnéennes de l'électricité.

Les nuages de pierre

CES nuages, bien des siècles les ont imaginés, les ont rêvés, les ont même représentés, roses et dodus, aux plafonds des palais, aux coupoles des églises, mais seul le nôtre a pu les atteindre et les voir. Car pour cela il faut monter très haut, au-dessus du sommet des couches nuageuses, jusqu'à l'azur glacé où règne un soleil perpétuel. Vus d'avion, ils ne sont plus cette matière instable, évanescente, cette vapeur impalpable que nous connaissons sur la terre mais des masses moutonnantes et denses, des souffles pétrifiés et comme saisis d'éternité.

Ces paysages, nul jamais ne put les voir ni même les deviner avant les premiers aviateurs. À présent, nous savons qu'au-dessus du ciel immédiat existe un autre ciel, fait d'élans, de gonflements, de bombements, d'enflures, d'étirements éblouissants. Un ciel strié de houles immobilisées par le gel, de milliers de moutons d'écume paissant l'abîme, aérienne banquise où parfois une vague engourdie s'éveille lentement et vacille en une lente avalanche. Ailleurs, gonfle une boursouflure qui déchire la toison de givre et s'émiette en cristaux de soleil. Ailleurs encore, s'entrouvre une crevasse livrant aux yeux un sol presque indistinct, étranger aux magies d'en haut. Mer d'ouate aussi, mais si compacte et si rigide qu'on croirait survoler une forêt de stalagmites jaillies du sol jusqu'à l'azur. Oui, ces moutonnements font penser aux jeux du calcaire plus encore qu'à ceux de la glace. Des grottes inattendues s'éploient en ces hauteurs, d'immaculés abîmes suspendus dans l'espace.

Tiepolo, Gaulli, Pozzo, Altdorfer, peintres des ciels baroques, qu'auriez-vous dit en découvrant ces paysages tant rêvés ? Ces nuages que vous avez peints, vaporeux et fantasques, saviez-vous qu'ils étaient de pierre et désertés des anges ? Car, hormis quelquefois l'aqueuse traînée d'un jet, rien ni personne ne les habite. Le ciel conquis n'est plus un ciel baroque. Il a perdu ses trônes, ses palais, ses dieux barbus, ses angelots joufflus pour devenir un somptueux mais stérile déploiement de souffles. C'est le ciel de la troposphère, sans vie et sans légende, azur glacé où règne un soleil perpétuel.

Pourquoi ces paysages m'émeuvent-ils tant ? Peut-être parce qu'à l'inverse des paysages de la terre ils restent étrangers à nos entreprises, insensibles à nos effractions. Peut-être parce qu'ils sont les seuls au monde à demeurer encore intacts en leur empyrée, et à s'y adonner à leurs fêtes glacées.

AZERTYUIOP

J'AI utilisé très tôt dans ma vie la machine à écrire, avant même de savoir écrire à la main. C'est même sur une machine que dès l'âge de six ans je tapai mon premier poème intitulé *La Lune*. Engouement qui ne put guère durer : dès la première année d'école, je dus délaisser le clavier pour le porte-plume et pour l'encre violette. Les leçons d'écriture étaient alors de vrais cours de calligraphie et je passais mon temps à former et dessiner des lettres, à m'initier aux pleins et aux déliés, faire et parfaire des majuscules, me pencher sur les italiques et peaufiner le galbe des jambages. J'avais un faible pour les lettres rondes et semi-rondes comme le C et le D (repères pour savoir si la lune était croissante ou décroissante) ou le P et le Q, toutes lettres qui ressemblaient à des O auxquels on ajoutait boucle ou jambage. Une telle magie était évidemment absente de la machine. Avec elle, aucune vie, aucune fantaisie n'habitaient plus les lettres. Il n'empêche : c'est la dactylographe de mon père (on la nommait encore ainsi) qui me déniaisa, moi l'analphabète, en m'initiant à l'alphabet sur le clavier de sa machine. Quand elle disposait d'un moment, elle me prenait sur ses genoux et, instants mémorables, guidait mon doigt sur chaque touche en la nommant.

J'appris ainsi à taper avec un seul doigt puis avec deux. Mais la machine resta toujours pour moi un engin peu commode, encombrant et sans âme. Seul m'attirait, seul m'intriguait son intérieur. Ses parties externes – ruban, chariot, touches, barres et bobines – n'avaient rien de particulier, mais l'intérieur cachait un fouillis de tiges, de roues dentées, de pivots, de ressorts luisant dans la pénombre, une forêt mécanique sur fond de buissons gris, une grotte miniature d'où émanait l'odeur âcre de l'encre. En fait, plus encore qu'à taper, c'est à cela que je passais une bonne part de mon temps : à rêver sur ce monde de barres et de pignons, à épier cet envers de métal ténébreux où gisaient, où gîtaient les lettres, comme si j'allais y découvrir la source et le secret des mots.

Cette précoce initiation eut une conséquence tout à fait imprévue. Quand on m'enseigna l'alphabet dès la première année d'école, je n'y compris rien. L'abécédaire commençait par A B C D E F G et se continuait par H I J K L M N O... L'institutrice était-elle folle ? Où avait-elle trouvé cet ordre absurde ? Je le connaissais bien, moi, l'ordre véritable des lettres. Je l'avais appris sur les genoux de la dactylographe quand elle guidait mon doigt sur la machine. Oui, je le connaissais, il n'avait rien à voir avec celui qu'on m'enseignait. Dire que j'étais seul dans cette classe à connaître la vérité, seul à savoir que le véritable alphabet ne commence pas du tout par A B C D E F G mais, bien sûr, par AZERTYUIOP !

Une visite dans le cosmos

Si vous allez un jour à Moscou, ne manquez pas de vous rendre au parc Djerzinski dans le nord de la ville voir l'exposition consacrée aux différentes républiques de l'URSS. J'aime visiter ce genre d'expositions malgré leur caractère presque toujours conventionnel et leur souci de propagande, car on y retrouve, comme en un miroir grossissant, l'image idyllique qu'une nation, une région ou une communauté cherche à donner d'elle-même. Pour elles aussi, c'est une façon de devenir des stars, de se montrer à tous dans leurs habits de fête, de se parer, voire se farder, comme pour quelque sortie dominicale. Les dimanches sont rares quand on travaille, mais dans les parcs et sur les stands d'exposition chaque jour se veut un dimanche, chaque pas une promenade au cœur même de l'Éden. On n'y montre, bien sûr, que la fleur, on n'y exhibe que le fleuron de chaque région, de chaque activité : le taureau le plus gros, le tracteur le plus beau (ou l'inverse). Visiter ces expositions, c'est s'amuser à contempler, en leurs vitrines illuminées, les figures et les figurants du bonheur.

C'est bien le sentiment que j'éprouvai un matin d'hiver en parcourant les allées et les pavillons du parc Djerzinski. Les différentes républiques de l'URSS y exposent leurs réalisations dans des bâtiments démodés, sorte de temples néo-grecs égarés dans les neiges et les glaces. Au point que j'eus la curieuse impression de visiter un sanctuaire antique squatterisé par les Martiens. À une exception : le pavillon du Cosmos.

On le devine de loin, car juste à ses côtés est érigé le très beau monument de l'Espace, appelé ici l'obélisque des Conquérants. Il représente une fusée en train de prendre son envol et tous les guides vous diront que sa partie principale – cette immense traînée s'élevant vers le ciel – est en acier revêtu de feuilles de titane, un métal inusable, insensible à la pluie, au vent et à la neige.

Le pavillon du Cosmos se trouve juste à côté. Vaisseaux spatiaux, satellites et scaphandres occupent la nef principale. Sur les murs, de grandes diapositives évoquant des vitraux présentent des vues de l'univers et les paysages supposés des planètes de notre système. Au fond, dans une sorte d'abside, les photos grandeur nature des cosmonautes depuis le premier vol de Gagarine. On trouvera peut-être arbitraires ou exagérées ces comparaisons avec l'intérieur d'un sanctuaire. À première vue en effet, elles ne semblent pas s'imposer. Rien dans cet immense espace ne cherche à donner le sentiment d'un lieu sacré. Tout au contraire y exalte la volonté, l'effort et la raison de l'homme. Des dizaines de panneaux, de dessins, de graphiques retracent les différentes étapes de la conquête spatiale et tout ici est information, explication, démonstration. Pourtant, malgré cette trinité logique, le voyageur se sent happé par les mystères d'un monde immensurable, dont les données comme les dimensions lui échappent, un monde aussi complexe et déroutant que celui des théologiens. Les vues des planètes exposées sur les murs par exemple entraînent l'imagination bien au-delà des limites de la raison et de la science : la surface de Saturne vue de son premier satellite, la croûte en fusion de Mercure sur sa face exposée au Soleil, les plaines d'ammoniaque solide de Jupiter, les montagnes de méthane glacé de Neptune font penser, jusque dans le détail de leur dessin et de leur volume, à ces reliefs, ces paysages inhumains et minéralisés qu'on voit sur les icônes anciennes. L'art le plus vieux et la science la plus neuve se rejoignent pour imager la nouvelle dévotion de ce siècle : le culte de l'Espace.

Plus loin, au centre de l'abside, un immense diorama reconstitue la première sortie dans l'espace du cosmonaute Léonov le 18 mars 1965. On le voit flotter dans le vide, relié à son vaisseau spatial par un long cordon blanc sur un fond d'étoiles énormes, étincelantes. La reconstitution est si bien faite, si saisissante qu'elle fait surgir des images inscrites en nous depuis des temps immémoriaux. Des images qui évoquent irrésistiblement l'accouchement dans l'espace de quelque mammifère inconnu, avec ce nouveau-né géant enveloppé du blanc cocon de son scaphandre et ce cordon ombilical qui le relie à la matrice toute proche. Aucune scène mythologique n'a jamais atteint l'évidence et la force de cette image. Car cet humain se risquant ainsi dans le vide, essayeur d'un espace inconnu, doit répéter pour se mouvoir les gestes maladroits des premiers amphibiens qui se hissèrent sur la terre ferme. C'est une aventure millénaire qui se poursuit ici, une aventure où l'homme de l'espace retrouve les mêmes tâtonnements, les mêmes titubements que ceux du premier *Homo bipedus* sur la surface de la Terre. Le cosmonaute doit lui aussi réapprendre à marcher dans un monde sans pesanteur. À marcher sans sol, comme marchent, glissent ou volent les premiers spationautes de nos histoires et de nos mythes : les anges. En regardant dans le pavillon du Cosmos la sortie dans le vide du premier cosmonaute, j'ai eu ce matin-là le sentiment d'assister, sur un grand fond d'étoiles en fête, à la naissance du premier ange des temps modernes et du premier bébé de l'infini.

Une raffinerie, la nuit

UNE raffinerie, la nuit : ville orientale avec ses minarets illuminés, navire en fête sur des vagues arrêtées, ruche d'abeilles phosphorescentes… ainsi peut-on l'imaginer si l'on se trouve à une certaine distance. De loin, tout suggère une fête, une réception grandiose en quelque cité du futur et même des images plus féeriques encore (pour peu que l'on ferme à demi les yeux) : damier de figures flamboyantes, forteresses d'étoiles, vaisseau extra-terrestre descendu des confins du ciel. Oui, d'une certaine distance, tous ces mirages sont possibles et ces magies de feux follets.

Mais mirages et magies s'effacent dès que, rouvrant les yeux, on s'approche du lieu de la fête. Le féerique, l'immatériel se changent en dense entrelacs de tubulures et de tuyaux, en futaie de colonnes et de tours métalliques, en essaim d'échangeurs, de condenseurs, de réservoirs. Se changent en un immense puzzle de fours, de bacs, de sphères, de stations de pompage, d'unités de stockage. Un puzzle qui jour et nuit halète, souffle, chuinte et siffle au milieu d'une profusion de fumerolles et de fumées. Qui chauffe, craque, condense, distille, liquéfie et gazéifie. Comme si un festival des Essences se célébrait ici sous les feux de milliers de rampes et de herses, annoncé de loin par la flamme et l'oriflamme des torchères.

Fraction. Distillation. Craquage. Condensation. Liquéfaction. Évaporation. Raffinage en un mot. Toutes les opérations muant le naphte noir, le lourd bitume des profondeurs en essence claire et volatile. Et le miel que produit cette ruche bourdonnante, vous l'avez deviné, c'est le fuel.

Gazole. Goudron. Asphalte. Acétylène. Hydrocarbures saturés. Les noms de ces derniers : éthane, méthane, butane, propane, pentane, hexane, heptane, octane, évoquent les huit enfants d'une famille asine. Et je pense à ces noms – ces ânons – en parcourant de nuit les allées de la raffinerie, bordées d'un fouillis (apparent) de tiges métalliques avec par endroits la rosace rouge d'un manomètre, dans le braiment têtu des tours de craquage. Partout règne une fine odeur de marécage miocène. Partout, les relents nidoreux d'une alchimie transmutant jour et nuit l'or des planctons fossiles. Alchimie dont les différents stades sont suivis, surveillés depuis la salle de contrôle. Là, bruits et fureurs s'estompent et l'on peut parler sans hurler dans l'oreille de son voisin. Sur un écran constellé de points, de circuits lumineux, on suit le cheminement des huiles, les trajectoires de l'essence. Et, bien sûr, la naissance des hydrocarbures saturés avec leurs sextuplées aux noms chantants : éthylène et acétylène, benzène et toluène, xylène et naphtalène. Cantilène des distillats.

Une raffinerie la nuit ? De près, une machinerie haletant sans rêve et sans trêve. De loin, une fête d'étoiles, une féerie de feux follets.

La/Le Normandie

À Jean-Claude Gardin

La Normandie est une province de France. Le *Normandie* est un bateau français. Ou plutôt était un bateau. Était même plus qu'un bateau : un paquebot. Et plus même qu'un paquebot : un transatlantique. Le plus beau, le plus grand, le plus rapide des transatlantiques français d'avant la dernière guerre jusqu'au jour où il fut concurrencé et dépassé par le *Queen Mary*. Son nom posa au début un dilemme prémonitoire : devait-on l'appeler *La Normandie* comme la province ou *Le Normandie* puisque paquebot est un nom masculin ? Cette querelle fut tranchée dès l'année de son lancement, en 1935, en décidant de supprimer l'article.

Mais *Normandie* ne fut pas qu'un bateau ou un paquebot transatlantique. *Normandie* fut aussi un symbole : celui de l'effort, de la technique et de l'art français. Ce palais flottant devint une patrie flottante. À chacun de ses voyages, la France en personne fendait les flots de l'Atlantique, triomphait de ses tempêtes et venait s'ancrer dans le port de New York. C'est en lisant dans la presse de l'époque des articles sur les exploits de *Normandie* que j'appris pour la première fois (j'avais onze ans) ce qu'était une métaphore. « Géant des mers, roi des océans, Versailles flottant, vaisseau de lumière... » On pouvait dire tout cela à propos d'un bateau ? L'appeler une ville, un château ou un roi ? Sans doute, puisque les journalistes le faisaient. Avec eux, *Normandie* était plus qu'une métaphore, il se muait en superlatif flottant. On citait d'ailleurs à son propos des chiffres impressionnants : qu'il pouvait contenir, par exemple, 1 715 passagers et 1 275 officiers et hommes d'équipage. Et que dès sa première traversée il avait remporté l'épreuve du Ruban bleu en franchissant l'Atlantique à la vitesse jamais atteinte encore de 30 nœuds !

Oui, avec *Normandie,* les chiffres étaient en fête et ne connaissaient plus de limites. Le paquebot n'emportait-il pas à chaque voyage 70 000 œufs, 7 000 poulets, 25 000 kilos de pommes de terre, 16 000 kilos de viande, 8 000 kilos de poisson, 80 000 kilos de glace, 24 000 litres de vin, 7 000 bouteilles de vin vieux et de champagne, 2 600 bouteilles de liqueur et 9 500 bouteilles d'eau minérale ? Ce n'était plus un bateau mais un ogre flottant !

Tout à bord était d'ailleurs conçu pour faire oublier la mer. Hall, salles à manger, salons, grill, fumoirs, théâtre, salle de musique, piscine, boutiques, salle de lecture, jardin d'hiver donnaient le sentiment de n'avoir pas quitté la terre. « Mais où est le bateau ? Je veux voir le bateau ! » s'écria, lors de la première traversée, un petit garçon émerveillé par toutes les salles et les salons immenses qu'on lui faisait visiter tour à tour. *Normandie* était donc aussi un bateau fantôme ?

France, Paris, De Grasse, Île-de-France : il y eut plusieurs transatlantiques français avant *Normandie,* mais aucun d'eux n'eut droit au titre de palais, de géant, de patrie, de roi, d'ogre ou de fantôme. Aucun d'eux ne devint comme lui le symbole et le mythe d'une nation. Les autres traversaient l'Atlantique, *Normandie* le conquérait. Les autres étaient des bateaux français, *Normandie* était la France en personne, parée de ses plus beaux atours. En fait, dès son premier voyage et ses premiers exploits, la France tout entière adopta *Normandie.* Il devint son paquebot, son palais, son Louvre et son Versailles préférés. Et quand, après soixante-dix traversées triomphales, il brûla dans le port de New York en 1942, ce ne fut pas un bateau qui sombra mais une parcelle du pays, son ultime province encore libre. Entre la France et lui s'étaient tissés des liens particuliers, des liens d'appartenance, de solidarité qui survécurent à sa disparition. Et le dilemme du début à propos de l'article, entre la Normandie et le *Normandie,* entre une province française et sa nef vivante, ce dilemme cessa aussitôt puisque les deux finirent par se confondre. D'ailleurs, après la disparition du bateau, quelle fut la première parcelle, la première province de France à être libérée ? Précisément *la* Normandie. L'Histoire reprenait et réanimait le symbole. Plus que le symbole : la symbiose.

La/Le Normandie sont/furent une province/un bateau.

La surface de la Lune

Le Lièvre et l'Oiseleur

PENDANT des siècles, pour expliquer les taches de sa surface, on imagina sur la Lune tout un peuple d'êtres singuliers, relégués sur l'astre nocturne. On y vit un paysan portant un fagot d'épines, un oiseleur en train de tendre des lacets, un voleur perché dans les branches d'un arbre, une paysanne avec un seau d'eau sur l'épaule, une femme tissant un voile qu'un rat dévore au fur et à mesure. Ou encore un corbeau géant, un serpent à la tête en feu ou un lièvre tapi dans des buissons. Quels habitants étranges et surtout quelles curieuses occupations ! À quoi rimaient ce seau d'eau ou ce fagot d'épines ? Qu'espérait prendre l'oiseleur en tendant des lacets sur la Lune ? Enfant, je trouvais ces histoires naïves et ridicules. Elles étaient indignes des adultes – qui se vantaient toujours d'être logiques – et indignes aussi de la Lune. Elle méritait mieux, Elle la si brillante, que ce pauvre bestiaire ou ces humains si ternes. D'ailleurs, j'avais beau écarquiller les yeux ou prendre des jumelles, je n'apercevais dans la Lune ni paysanne ni lièvre ni corbeau. Non, il devait y avoir d'autres causes à l'existence de ces taches. Plus je les regardais, plus j'étais fasciné par le mystère de ces zones claires et sombres, de ces immenses balafres rayant le sol lunaire, de ces cratères qui pullulaient sur sa surface, une surface toute couturée de cicatrices et comme couverte d'ecchymoses. Là résidait pour moi le vrai mystère de la Lune : quoi ou qui l'avait ainsi blessée ?

Le mystère s'éclaira des années plus tard, grâce à un album intitulé *Sur les autres mondes*. C'était un ouvrage de vulgarisation astronomique, illustré de très belles gravures évoquant ou reconstituant la surface des autres planètes. Sur la Lune, il n'était plus question de lièvre ou d'oiseleur. On y voyait des paysages arides, éclairés par une lumière intense, des montagnes aux arêtes vives, d'immenses étendues monotones. Au creux des cirques ou à l'ubac des montagnes s'étendaient des ombres immenses et plus noires que la nuit. La Lune ne possédant pas d'atmosphère, la lumière y est brutale, sans ces vapeurs, ces dégradés de la lumière terrestre. Si bien que même à midi le ciel y apparaît tout noir et qu'on peut y voir les étoiles briller comme dans la nuit. J'essayais de me représenter cette nuit perpétuelle en plein jour, ce ciel nocturne en plein midi. J'essayais aussi d'imaginer ces étendues, plaines ou mers, où les lointains apparaissaient aussi nets, aussi présents que les premiers plans…

Ainsi, c'était là la nouvelle surface de la Lune, une surface intensément noire et intensément blanche, avec des étoiles brillant dans le ciel de midi ! Un monde dépourvu de vie, sans air et sans eau – et donc sans paysanne et sans seau d'eau –, avec des reliefs abrupts, des cirques immenses ou profonds ponctués d'un piton central, des plaines, des mers aux noms étranges – mer des Pluies, mer du Nectar, océan des Tempêtes – et des crevasses gigantesques. Seul avantage à cette absence totale d'atmosphère : elle permettait de voir un spectacle impossible sur terre, les protubérances et la couronne du Soleil à chaque lever, à chaque coucher de l'astre.

Oui, je me souviens de la surface de la Lune et des images qui la figuraient dans ce livre. Je me souviens d'avoir assisté au coucher du Soleil, auréolé de flammes, sur les Apennins lunaires, d'avoir contemplé l'étendue monotone de la mer de la Sérénité, d'avoir regardé le soir les ombres glacées, gigantesques s'étendant jusqu'à l'horizon sur la mer des Nuées. Et d'avoir vu aussi, avec une étrange, intense jubilation, briller la nuit une lumière blême et forte, une lumière presque insolite : le clair de Terre !

J'ai tant rêvé sur les pages de cet album, tant marché grâce à lui dans les paysages lunaires, tant traversé de mers et tant gravi de cirques, que la surface de la Lune m'était devenue familière. Quelquefois, adossé à l'un des contreforts du golfe des Iris, juste au sud de la mer des Pluies, en un silence que ne troublaient nul cri d'oiseau et nulle parole humaine, je contemplais l'étendue monotone et grise où se dressaient au loin, très loin (mais en même temps tout près) les rebords du cratère Copernic. Ou bien encore, penché sur les lèvres d'une grande crevasse, je plongeais mon regard dans l'abîme de la nuit sous-lunaire. Quant aux cirques, ils avaient presque tous des dimensions si vastes que si, écrivait l'auteur du livre, « nous nous placions au centre de l'arène, nous ne pourrions voir autre chose qu'une plaine immense nous environnant de toutes parts, au-dessus de l'horizon de laquelle émergeraient çà et là comme une chaîne discontinue les parties les plus élevées du rempart lointain. Pour d'autres encore, dont le contour est plus considérable, nous aurions l'impression d'errer sur une étendue que rien n'environne. On peut donc dire que les cirques, dont l'aspect s'impose au plus élémentaire examen télescopique, sont peut-être les formations que nous aurions le plus de mal à reconnaître en prenant pied sur la Lune ! ».

À l'époque où je lus ce livre, où je rêvais ainsi intensément à la surface de la Lune, j'avais juste douze ans. Et j'écrivis alors en marge du texte cité : « Saurai-je un jour si c'est vrai ? »

La surface de la Lune

Le Sélénite

MAINTENANT, je sais. Je sais qui est l'homme de la Lune, je sais ce qu'il y fait. Il n'y transporte pas de seau d'eau ni de fagot, mais une pelle télescopique pour ramasser les pierres lunaires, un sismographe et un réflecteur à laser. L'image légendaire était fausse ou floue. Elle proposait des gestes incongrus ou incompréhensibles alors que les gestes de l'homme de la Lune sont rationnels, minutieux, minutés. Il avance avec mille précautions comme en un film au ralenti en soulevant un léger nuage de poussière. Il est vêtu d'un scaphandre blanc, chaussé de grosses bottes isolantes, et il a laissé sur la surface de la Lune une trace ineffaçable : l'empreinte d'une semelle à rayures. Je sais aussi son nom : Neil Armstrong.

Et Neil Armstrong a répondu, le 21 juillet 1969, à la question que je posais en marge de *Sur les autres mondes* un jour de 1937. Il a confirmé ce qui n'était alors qu'une impression ou une intuition : la Lune est bien un astre mort aux mers taries, aux plaines arides, baignées par une lumière crue ou couvertes d'ombres géantes aussi noires que l'ébène. Trente-deux ans d'attente, c'est peu si la réponse véridique arrive enfin. Trente-deux ans d'attente, c'est peu pour ouvrir un matin le journal et apprendre que « la surface de la Lune a l'air composée de grains très fins comme de la poudre. Je peux la soulever avec la pointe de ma botte. J'enfonce très peu, à peine quelques millimètres. Je peux voir les traces que je laisse ». Et c'est bien cela que j'imaginais autrefois quand, adossé aux contreforts du golfe des Iris, je contemplais l'horizon gris de la mer de la Tranquillité. Je peux fermer les yeux, aujourd'hui encore, et revoir exactement ce paysage où « tout est gris et très blanc, gris comme de la craie lorsque vous regardez en direction du Soleil. Et ça devient plus foncé, un peu comme de la cendre, lorsque vous regardez perpendiculairement au Soleil ».

Craie et cendre. Cendre et craie. Qui aurait dit, pensé que l'astre qui rend nos nuits si claires n'était qu'une étendue de cendres grises ? N'était qu'une poudre soulevée par les bottes de l'homme ? N'était que cette poussière où le premier des Sélénites s'est enfoncé de quelques millimètres ? Poudre et poussière. Poussière et poudre.

Poudre et craie et cendre et poussière. Un monde effrité, broyé plus qu'écorché, une surface criblée par des milliers de météores. N'ayant pas d'atmosphère, la Lune est frappée de plein fouet par tout ce qui vient du ciel et son sol est ponctué de blessures d'astres, dites astroblèmes, qui ont laissé sur sa surface ces cuvettes, ces creux, ces cratères et ces cicatrices. Astroblème : un mot qui n'existait pas encore en 1937. Mais qui répond, lui aussi, à la question que je m'étais posée il y a trente-deux ans : quoi ou qui a blessé la Lune ?

Boogie-woogie

ENIVRANT. Entêtant. Envoûtant. Le boogie-woogie a marqué les années d'après-guerre de ses rythmes enivrants, entêtants, envoûtants. C'est une musique dérivée du blues, interprétée au piano solo, soutenu quelquefois par une batterie. Mais le boogie-woogie n'a nul besoin de batterie. Il lui suffit pour exister d'un piano quelconque et d'un bon pianiste.

Musicalement, il se caractérise par une basse continue tenue par la main gauche, comprenant huit croches par mesure (avec une alternance croche pointée/double croche) et par des variations mélodiques de la main droite à partir de ce rythme. C'est une musique évidemment élémentaire reposant sur le jeu répétitif de la main gauche, jeu qui peut devenir obsédant au point de provoquer l'agacement… ou la transe ! Mais la main droite est là pour fournir la partie savante, créatrice du boogie-woogie puisqu'elle est pure improvisation. La main gauche donne le rythme et la lancination. La main droite, la couleur et la libération. Un boogie-woogie, c'est un orage qui gronde en permanence sous la main gauche tandis que la main droite invente les facéties du vent. C'est une vague roulant sous la main gauche tandis que la main droite égrène les griseries de l'écume. Le boogie-woogie est bien une musique élémentaire parce que, justement, elle nous rapproche des éléments. Et quand je l'ai découvert après la guerre, j'eus l'impression qu'elle venait non pas des années trente en Amérique, mais des débuts du monde. Le boogie-woogie est la première musique née après le tohu-bohu.

Donc, juste après le tohu-bohu (et la crise de 1928), des pianistes noirs commencèrent, dans les speakeasies et les barrelhouses de Chicago, Memphis, Atlanta et Kansas City à inventer une musique dérivée du blues reposant sur le dialogue constant des deux mains : répétition obsédante d'un côté, improvisation mélodique de l'autre. Ils furent nombreux, ces premiers pianistes, mais on a oublié leurs noms, souvent étranges : Speckled Red, Cow Cow Davenport, Montana Taylor, Romeo Nelson, Hersal Thomas… Plus tard, les grands du jazz les imitèrent et se mirent à leur tour au boogie-woogie : Memphis Slim, Art Tatum, Count Basie, Lionel Hampton. Mais ceux qui créèrent véritablement cette musique, qui s'y vouèrent et qui la consacrèrent furent surtout Jimmy Yancey, Meade Lux Lewis, Pete Johnson et Albert Ammons. Les deux derniers jouèrent très souvent ensemble et interprétèrent avant guerre, à New York et à Chicago, des boogie-woogies à quatre mains tout à fait fous. Impossible, impossible d'oublier leur *Barel-house boogie*, leur *Sixth Avenue Express* et le

Chicago in mind d'Albert Ammons. Leur jeu est la quintessence de la contrainte rythmique muée en liberté pure.

Envoûtant. Enivrant. Entêtant. Le mot, d'origine inconnue (les dictionnaires disent qu'il vient d'une onomatopée), a quelque chose d'enfantin, de cocasse mais aussi de séduisant. Boogie-woogie rime avec magie. Boogie-woogie rime avec bogie, rappelant le roulement saccadé des wagons traversant le Far West avec les vagabonds juchés sur les tampons. Boogie-woogie : bourdon de la main gauche, abeille de la main droite. Ou encore : bourdon de la main gauche, clarine de la main droite.

Oui, boogie-woogie rime avec magie, bogie et Georgie. Mais pour moi, avant tout, il rime avec nostalgie.

Grues

On les remarque à peine dans les villes et les ports tant elles sont devenues habituelles. On les remarque à peine malgré leur long cou emmanché d'une longue flèche où pend un long filin. Pourtant elles sont partout, là où l'on construit, où l'on charge et où l'on décharge, et partout on peut les voir s'affairer, mantes laïques butinant pierre, métal ou verre au cœur des villes et des ports ! Car c'est à des insectes qu'elles font surtout penser avec leurs mouvements raides, mécaniques, des insectes géants occupés à édifier d'étranges termitières ou à fouiller dans les entrailles des cargos.

Comme les pylônes, elles sont un entrelacs de poutrelles et d'acier. Comme les pylônes, elles dressent vers le ciel leurs charpentes ajourées. Mais elles ont en plus une flèche, une poulie, un câble, un crochet, une élingue qui leur donnent une silhouette de sentinelle au bras toujours tendu. De loin, quand ce long bec s'agite au-dessus des toits, on pourrait les prendre aussi pour des oiseaux d'acier, des grues décharnées s'acharnant à nourrir d'invisibles petits. Mais, s'approchant, on constate que leurs mouvements, leurs rotations et leurs arrêts obéissent aux ordres d'un homme enfermé tout en haut dans une cabine en verre. Et on remarque aussi que leur base est occupée par de gros blocs de pierre entassés là pour accroître leur stabilité. Comme pour les empêcher de s'envoler.

Parfois, quand il y a de grands chantiers, c'est toute une forêt de grues qu'on voit se dresser et vibrer côte à côte. Troncs qui de loin semblent si frêles avec, pour affronter les vents, leur léger tricot de poutrelles ! Troncs qui de loin semblent fragiles malgré leurs mailles métalliques, leur armature fuselée d'hermine et d'azur.

Quand je vous vois ainsi, grues, j'aime suivre tous vos mouvements, le lent tournoiement de vos flèches, le glissement précis des câbles, vos rotations au ralenti qui font penser à un ballet. Un ballet de danseurs immobiles, d'élans rigides coupés de grands écarts mécaniques. Un ballet de robots pensants puisque régis par le grutier dans les hauteurs de sa cabine. Mante, oiseau, tronc, danseur ou robot, vous êtes tout cela, grues, selon vos travaux et vos jours. Mais ce que j'aime par-dessus tout lorsque vous êtes à l'arrêt, ce sont vos silhouettes figées, vibrant légèrement dans le vent, vos silhouettes de sentinelles au bras toujours tendu.

L'éprouvette

À Gil Jouanard

Son nom inquiète au premier abord, évocateur d'épreuves ou d'instants éprouvants, mais son suffixe en *-ette* suffit pour rassurer : si épreuves il y a, elles ne peuvent être que légères. De fait, l'objet est plutôt banal : un simple tube en verre fermé à une extrémité qu'on nomme aussi tube à essai.

Mais l'éprouvette n'est tube en verre qu'en apparence. Bien sûr, elle est l'indispensable outil de tout laboratoire comme aussi la cornue. Mais à la cornue je préfère la frêle et fluette éprouvette, éprouveuse d'essences, de corps et de substances, vestale des feux laborantins. Née avant tout pour affronter l'épreuve (comme les héros dans les légendes), elle est la plus vieille et la plus illustre héroïne des épopées de la chimie. Sans elle, pas d'essais. Sans essais, pas d'expériences. Sans expériences, pas de recherches. Sans recherches, pas de découvertes. Sans découvertes, pas de progrès des connaissances. Il est donc naturel que de vestale elle soit devenue vedette, la vedette des manipulations génétiques. Ne vient-elle pas, elle la vierge de verre, de mettre au monde son premier bébé, déjà célèbre dans le monde entier, le bébé-éprouvette ?

Étrange destinée que celle de l'éprouvette ! Vestale promise aux moissons des cultures microbiennes puis vierge soumise aux noces fécondes ou stériles des substances, la voici devenue matrice de germes et spermes anonymes, alcôve préposée au froid coït des pipettes ! En un mot, la madone des amours *in vitro*.

Elle, si fluette et si fragile (bien qu'à l'épreuve du feu), elle, transparente et tout immaculée, a conçu à son tour un bébé. Enfant de la science et du siècle, il est né sans encens ni myrrhe et sans rois mages pour l'adorer, d'un père selon la chair et d'une mère selon le verre. Et l'on sait le nom de cette mère : Éprouvette.

Airport

Le susurrement des hôtesses dans les bas-parleurs des halls, le vrombissement des réacteurs sur la piste d'envol, c'est d'abord cela un aéroport, ces octaves extrêmes que surprend notre ouïe. Je dis aéroport et non aérodrome, car ce dernier mot ne s'emploie plus que pour les terrains militaires et les terrains civils limités au trafic intérieur.

Le susurrement des hôtesses dans les bas-parleurs des halls, le vrombissement des réacteurs sur la piste d'envol, c'est d'abord cela un aéroport, des voix qui parlent de New York, Bombay et Santiago, des voix qui énumèrent si doucement le monde que chaque ville de destination devient une terre promise.

Avant guerre, les voix annonçant le départ et l'arrivée des trains dans les gares étaient toujours – sont encore parfois aujourd'hui – des voix rocailleuses de mâles, le voyage étant alors une affaire d'hommes. Mais depuis la guerre, celui-ci a changé de sexe. Il est devenu féminin, surtout le voyage aérien, grâce aux voix enjôleuses – et quasi cajoleuses – des sirènes susurrant dans l'océane rumeur des halls. C'est donc aussi cela un aéroport : un lieu où le plus routinier des voyages se présente avec une part de rêve. D'ailleurs, entre le hall et les pistes d'envol s'étend la zone privilégiée des espaces en franchise, des magasins et des articles *duty free*, éden des ménagères cosmopolites.

Un aéroport, c'est une ville où nul n'habite, une ville où l'on va travailler sans y résider, où l'on se rend seulement pour la quitter. Bien plus que dans les ports et dans les gares, on s'y sent doublement passager : dans la ville elle-même et dans sa propre vie. Tout est d'ailleurs conçu pour adoucir, agrémenter ce sentiment du transitoire : les lumières tamisées, les sons filtrés, la voix des sirènes, l'aménagement des halls. Tout passage d'une ville à une autre, d'un continent à un autre, d'un élément à un autre implique une petite épreuve et de subtiles initiations. Jusqu'aux années récentes, il suffisait pour accéder aux zones d'embarquement de montrer ses papiers pour dire qui l'on était. Avec le terrorisme et les détournements, il faut dire et prouver aussi qui l'on n'est pas. Chaque fois que je franchis le portique d'un détecteur magnétique, je pense aux épreuves des anciens Égyptiens. Eux aussi devaient (après leur mort) franchir des portiques et prouver qu'ils n'étaient pas des terroristes de l'au-delà, en énumérant un à un les méfaits et les crimes *qu'ils n'avaient pas commis*. Mais pour l'instant, dans les aéroports, œil électrique et détecteur magnétique ne perçoivent, ne dénoncent que vos menus objets en fer, non vos méfaits ou vos mensonges...

Une ville presque complète avec ses boutiques, ses bars, ses restaurants, ses parkings, ses garderies, ses librairies, ses infirmeries... et ses commissariats. Sans compter tous les services et bâtiments spéciaux. Des milliers de personnes viennent chaque jour y travailler, des millions d'autres y passer chaque année. Et pourtant, on n'y perçoit pas sur-le-champ l'évidence ni la réalité du voyage. Dans une gare ou un port, trains et bateaux sont là, pratiquement sous vos yeux. Dans un aéroport moderne, disposant pour l'embarquement de passerelles télescopiques, on n'aperçoit l'avion qu'au moment d'y monter.

Une remarque encore : j'écris *aéroport*. Mais dans cette ville aux sirènes enjôleuses, aux ménagères cosmopolites, aux habitants chaque jour changeants, dans cette ville où nul n'habite mais qui reçoit le monde entier, dans cette Babel électronique et fourmillante, on ne parle pratiquement qu'une seule langue. Depuis la dernière guerre l'anglais est devenu la langue officielle des nuages quand ils parlent entre eux dans le ciel ou qu'ils conversent avec le sol. En babélien, décollage se dit donc *taking off,* atterrissage *landing,* embarquement *boarding,* boutiques hors taxe *duty free shops*. Et aéroport se dit évidemment *airport*.

La bande dessinée

Les souris et les chats

La revanche des souris sur les hommes. Ne pourrait-on résumer ainsi l'histoire des *comic strips,* des bandes comiques de Walt Disney quand pour la première fois au monde une souris se mit à parler ? Qu'était la souris jusqu'alors ? Un cauchemar vorace menaçant les provisions et l'avenir de l'homme en rongeant nuitamment ses rêves céréaliers. Et voici qu'un beau jour une souris décide de changer cette image. Pour cela, elle prend un nom, revêt une culotte rouge avec deux boutons jaunes, enfile des chaussures et des gants, apprend l'anglais et entre aussitôt dans l'Histoire. L'événement eut lieu aux États-Unis le 1er janvier 1930, quand parut la première bande de Mickey Mouse et de sa fiancée Minnie Mouse. L'histoire s'intitulait *Mickey dans l'île mystérieuse,* le scénario était de Walt Disney, les dessins d'Ub Iwerks remplacé plus tard par Floyd Gottfredson. Ainsi changèrent les rapports séculaires des souris et des hommes. Abandonnant à jamais greniers et céréales, Mickey, ex-rongeur nocturne, devenait aventurier diurne et muridé pensant.

Ce qui continue de m'étonner aujourd'hui encore, c'est la facilité, je dirai même le naturel, avec lequel Mickey s'est intégré à notre monde. Aucune souris, que je sache, ne marche debout, ne tricote des pullovers ni ne pilote des avions. Pourtant, dès leur première apparition, Mickey et Minnie furent admis comme des humains à part entière. À une exception : la queue et les oreilles. De la souris originelle Mickey gardera toujours la queue et les oreilles, le reste appartenant à l'homme.

Mais à quoi bon devenir une souris parlante si c'est pour se retrouver seule au milieu d'animaux muets ? En s'humanisant, Mickey contraignit d'autres animaux à faire de même. Ainsi naquirent – doués de parole – le cheval Horace Horsecollar, la vache Clarabelle Cow, le chien Sylvester Shyster et le chat Peg-Leg Pete. Mais ici, nous sommes loin des fables d'Ésope ou des contes de Perrault, où les animaux parlent tout en conservant leur aspect naturel. Avec la bande dessinée, l'animal s'aventure plus avant en territoire humain, s'habille, se coiffe, se comporte exactement comme un homme, au point de devenir une image caricaturale de nous-mêmes. Image qui alors parut naïve et très schématique aux adultes mais demeurait troublante pour un enfant : comment des animaux pouvaient-ils si facilement nous ressembler ?

Peu de gens semblent avoir compris à l'époque à quel point ce monde hybride et pourtant si humain de Mickey posait des questions imprévues et même embarrassantes. Car les images de cet univers à mi-chemin de l'homme et de l'animal disaient implicitement tout le contraire de ce qu'on enseignait au catéchisme, par exemple. Elles disaient, ces images, que, loin d'être une créature unique, inimitable et totalement distincte de l'animal, l'homme n'était que le frère – ou le cousin éloigné – de celui-ci. À l'époque, bien sûr, j'étais trop jeune pour raisonner ainsi, mais je pressentis parfaitement le grand, l'inouï secret que cachaient ces images, à l'insu de leurs créateurs : l'homme et l'animal ne font qu'un, ils appartiennent au même monde !

Aujourd'hui, relisant ces albums, j'éprouve le même sentiment, tout en le formulant différemment. Car je dirai ni plus ni moins que Mickey fut alors, d'une façon imprévue, le premier – et le plus attrayant – des messagers de Darwin au cœur de mon enfance.

Il n'y avait qu'une ombre à ce tableau : Mickey et Minnie étant des souris avaient tous les chats en horreur. Dans un monde de muridés, le danger vient fatalement des félidés. Aussi les chats représentent-ils toujours – dans les comics de Mickey – la ruse, la félonie, la méchanceté, la cruauté. Le premier de cette longue suite de chats méchants fut le célèbre Peg-Leg Pete, appelé d'abord Le Frisé puis Pat Hibulaire, qui apparut dès le second album intitulé *Mickey dans la vallée infernale*. C'était un chat énorme et noir aux babines toujours retroussées en un rictus sadique, coiffé le plus souvent d'un melon gris, un revolver perpétuellement à la ceinture et nanti d'une jambe de bois. Ce dernier détail tempérait un peu la répulsion que m'inspirait le personnage : un chat avec une jambe de bois ne peut être aussi dangereux pour les souris qu'un vrai chat avec quatre vraies pattes ! Mais il fallait se rendre à l'évidence : les chats avaient toujours le mauvais rôle. Or, j'aimais bien les souris, mais je leur préférais nettement les chats. Comment choisir entre les deux ?

La solution se présenta d'elle-même avec la parution en France à la même époque, c'est-à-dire vers 1933, d'un album de Pat Sullivan intitulé *Félix le chat*. C'était évidemment un chat parlant mais là s'arrêtait la ressemblance. À l'inverse de Mickey, Félix ne singeait pas les humains et gardait son apparence de chat.

Son arme principale contre l'adversité était son cerveau, fertile en ruses et expédients de toute sorte. Malgré son nom, Félix n'était pas un chat heureux : rejeté, rudoyé sans cesse par les humains, toujours affamé, il passait sa vie en quête de lait et d'affection. Il était toujours seul, vivant, dormant ici et là, errant au cœur de paysages désolés, de prés nus, avec des arbres squelettiques, des barrières et des chaumières hostiles, bref un monde où les chats étaient toujours des intrus. Pourtant, c'est ce monde simpliste, rudimentaire, sordide même très souvent, ce monde d'humains cupides et stupides qui m'a laissé, plus que celui de Mickey et de Pat Hibulaire, les souvenirs les plus durables. Plus tard, quand je vis les films de Charlot, je compris l'étrange parenté qu'il y avait entre cet homme réprouvé et ce chat partout refusé. Tous deux, l'homme et le chat, étaient des êtres esseulés, rejetés par la société, victimes de la bêtise et de l'égoïsme des hommes. Les bandes dessinées de Félix révélaient donc un monde impitoyable, un monde où les chats eux-mêmes connaissaient entre eux la lutte des classes ! Au chat truand et mécréant Pat Hibulaire s'opposait Félix, le chat honnête et prolétaire. J'ignorais ce dernier mot en ce temps-là, mais c'est bien cela que Félix m'apprit : que la vie quotidienne était moins une lutte entre les bons et les méchants – comme dans Mickey – qu'un continuel combat entre les démunis et les nantis. Autrement dit, après Darwin, Marx ! On le voit, les bandes dessinées n'étaient pas aussi naïves ni absurdes qu'on le disait. Elles me donnèrent à leur façon ma première leçon de morale politique. Une leçon que l'on n'oublie pas, quand c'est un chat pelé qui vous la donne.

La bande dessinée

Hommes et surhommes

QU'Y A-T-IL de commun entre un marin bourlingueur et mangeur d'épinards, un millionnaire bon enfant que sa femme tyrannise, un aventurier de l'espace pourfendeur de monstres, un justicier sans peur et sans reproche, et un prestidigitateur élégant et roi de la magie ? Rien si ce n'est que tous sont américains et que tous sont des personnages de bande dessinée. Ils ont nom Mathurin Popeye, Illico, Guy l'Éclair, Luc Bradefer et Mandrake. Bien sûr, il en existe beaucoup d'autres, et je n'énumère là que ceux qui marquèrent mon adolescence. L'Amérique d'avant-guerre ne légua pas seulement à l'Europe le jazz, les gratte-ciel et les suffragettes, mais une certaine image de l'homme. De l'homme américain, évidemment. Au fond (je m'en aperçois aujourd'hui) j'ai passé mon adolescence à réfléchir en grec, à écrire en français et à rêver en américain. Au lycée, j'étudiais Descartes et sa méthode mais je lisais à la maison Mandrake et sa magie. C'est ainsi que je grandis entre Platon (et son académie) et Mathurin Popeye (et ses bistrots du port). Évidemment, les deux derniers avaient des préoccupations très différentes, l'un ne rêvant qu'essences et l'autre qu'épinards. Pourtant, ces deux philosophies coexistaient en moi le plus pacifiquement du monde, chacune ignorant l'autre. Car Mathurin Popeye ne se souciait guère de Platon et l'inverse était encore plus vrai. Quant à Mandrake, il eût été le guide rêvé de la fameuse caverne platonicienne, symbole de notre existence, où l'humanité prisonnière de la nuit n'aperçoit que les ombres projetées du véritable monde sans jamais percevoir le soleil des essences. Mandrake avait le don et le pouvoir de faire surgir à tout moment des visions trompeuses et fantasques sous les yeux de ses ennemis qu'ils prenaient, eux, pour la réalité. Mandrake, lui non plus, n'avait pas lu Platon, et pourtant son pouvoir et ses talents d'illusionniste en faisaient sans qu'il s'en doute un montreur d'ombres platonicien ! Ainsi se dessina pour moi à cette époque l'image d'une Amérique peuplée de silhouettes magiques, héroïques, poétiques ou burlesques, selon les cas. À l'inverse des décors schématiques où évoluaient Mickey la souris et Félix le chat, ceux de *La Famille Illico* par exemple montrant avec force détails les intérieurs américains et les rues de New York ou ceux des aventures de Guy l'Éclair étaient de véritables créations, aussi essentiels à l'histoire que les héros eux-mêmes. Certains d'entre eux, comme les paysages de la planète Vénus dans *Les Aventures de Guy l'Éclair* ou les villes souterraines de la Lune dans *Mandrake, roi de la magie* sont même à l'origine de mon engouement pour les architectures fantastiques.

Mais l'important, c'étaient surtout les habitants de ces décors, de ces villes et de ces paysages, les acteurs et héros de toutes ces aventures. Quelle image donnaient-ils alors de l'homme américain ? Eh bien, *La Famille Illico*, par exemple, était une vivante radioscopie de la vie quotidienne d'une famille américaine citadine. Je sentais bien que cette Amérique-là était un peu forcée, parfois même caricaturale, mais je sentais aussi qu'il y avait derrière ces scènes désopilantes et souvent délirantes ce qu'on appelle un fond de vérité. En apparence, tout semblait banal et classique en ces charges souriantes contre les tics et les manies de l'Amérique moyenne. Et pourtant, quelle différence avec le milieu provincial et français où je vivais moi-même ! Même caricaturée, même ridiculisée, cette Amérique gardait un air foncièrement différent du nôtre. La marque des voitures, les vitrines des magasins, les cafés, les clubs, les bureaux, les rues, les robes, les toilettes, les uniformes (grooms, pompiers, agents), tous ces détails que remarque le regard scrutateur de l'enfant ou de l'adolescent faisaient de l'Amérique un pays à cent lieues de la France. À cent lieues dans tous les sens du terme : parce qu'il me paraissait alors quasi inaccessible et parce que rien – ou presque rien – n'y correspondait à mon propre entourage. Ces Américains-là, pensais-je, sont-ils vraiment d'anciens Européens ou d'anciens Martiens ?

Exemple de singularité, voire d'anormalité : le travail était très peu présent et pourtant tout le monde était riche. Dans les clubs, les bureaux, les conseils d'administration, on ronflait ferme du matin au soir, l'essentiel de la vie consistant pour l'homme à se rendre au café ou au bal des pompiers à l'insu de sa femme, et pour la femme à se rendre aux salons de thé ou aux réunions féministes. Un monde futile en somme mais qui révélait ainsi beaucoup de vérités. Sous tous ses travers, ses ridicules, voire ses scandales – et malgré ses points communs avec les mœurs européennes –, l'Amérique se révélait ce qu'elle était : un pays moderne. Impossible par exemple de glisser au milieu des silhouettes entourant la famille Illico un personnage de type balzacien. Il y eût été aussi déplacé qu'un guerrier en armure ou qu'un mousquetaire à cheval ! Oui, il s'agissait bien d'un autre monde, d'un nouveau monde dont le citoyen, l'habitant et l'acteur principal ne se nommait pas Illico mais l'argent.

De cette époque, de cette étape, je tirai alors ces deux définitions de l'homme : bipède citadin avec un cigare à la bouche, un haut-de-forme sur la tête et un unique souci en tête : sortir le soir à l'insu de sa femme. Ou : bipède marin avec une pipe entre les dents, une casquette sur la tête, des tatouages sur les bras et un unique souci en tête : manger des épinards. Illico et Mathurin Popeye : tels furent pour moi les deux Adam du paradis américain.

Ces deux Adam avaient évidemment deux Ève, qui entraînèrent conséquemment deux définitions de la femme (j'en ai trouvé d'autres depuis mais ce n'est pas le lieu d'en parler) : bipède revêche et pimbêche attifée de bijoux, de babioles et de bigoudis, se nourrissant exclusivement de thé et de cancans. Ou : haridelle dégingandée portée sur les marins et les bagarres, mais sensible aux fleurs et aux bébés abandonnés. Le modèle de la première était madame Illico, celui de la seconde, Olive.

Telles furent, en ces années-là, mes premières rencontres avec l'homme et avec la femme. Plus tard, cet homme troquera le haut-de-forme et la casquette pour un grand chapeau de cow-boy et les salons pour les saloons. Il traversera des déserts, mâchera jour et nuit du chewing-gum, affrontera les coyotes, les chercheurs d'or et les Indiens. Mais toujours il parlera américain puisque, en ces années-là, l'américain était encore la langue du premier homme.

Guy l'Éclair. Luc Bradefer. Mandrake. Trois hommes, en apparence. En réalité, trois surhommes. Laissons Mandrake puisque son pouvoir repose surtout sur l'illusion et ne s'exerce qu'occasionnellement. Les deux autres connaissent par contre sur la terre et sur les planètes maintes aventures les mettant aux prises avec des hommes du futur ou des monstres préhistoriques. Un surhomme de bande dessinée, c'est cela : quelqu'un qui peut, au cours de la même journée, affronter un dinosaure et un Martien. Dans leurs multiples aventures, Guy l'Éclair et Luc Bradefer conservaient entièrement leur nature humaine. Je veux dire que, pour triompher de leurs adversaires, ils recouraient davantage à leur force physique et morale qu'à des moyens magiques ou futuristes, tel le pistolet désintégrateur ou le canon à rayons dissolvants. Leurs armes étaient le sang-froid, l'endurance, le courage, voire la témérité. Et aussi la générosité. Car ces surhommes sont toujours chevaleresques, pour ne pas dire romantiques. À la science, à la maîtrise des explorateurs de l'espace, ils allient les vertus des chevaliers du temps jadis. Ils défient à mains nues les monstres et le futur, domptant les constrictosaures de Vénus ou s'emparant d'un astronef martien pour délivrer leur belle. En fait, ils vivent entre deux siècles et deux utopies opposés : trop modernes pour être de vrais chevaliers médiévaux (leurs chevaux étant des voitures de sport, des hors-bord ou des fusées), ils sont aussi trop archaïques pour être de vrais habitants du futur, car ils demeurent des humains à part entière par leur psychologie, leurs peurs et surtout leurs amours.

Ainsi, face à l'humanité des mondes extraterrestres qu'ils explorent, ils apportent et opposent un nouvel humanisme, né en ces années-là : l'humanisme terrien. Un humanisme dont les valeurs coïncidaient évidemment – comme pour l'homme – avec celles de l'Amérique. Ces surhommes étaient toujours des Blancs, au corps musclé, à la ligne impeccable, rompus à toutes les techniques de combat, et leur ennemi, que ce soit sur Terre ou sur Vénus, était presque toujours de race jaune. Ainsi l'Amérique étendait ses conflits terrestres au champ des galaxies. Dans sa lutte sur Vénus contre l'empire de Ming, le tyran jaune, Guy l'Éclair n'était-il pas le précurseur de la guerre des G.I.

contre l'empire du Japon ? Ce n'est qu'aujourd'hui que je réfléchis à tout cela car autrefois de telles idées m'eussent paru absurdes. Il fallait beaucoup d'innocence et même d'aveuglement pour suivre ces histoires de guerres interplanétaires sans voir ou deviner qu'une autre guerre, planétaire et tout à fait terrestre, approchait à grands pas. Le dernier numéro de *Robinson,* la revue où paraissaient les aventures de Guy l'Éclair et de Mandrake, sortit le 9 juin 1940. Guy l'Éclair, enfermé dans l'antre d'un ver géant avec ses compagnons et la reine Frya, s'écriait en sa dernière phrase : « Courage, compagnons ! Nous n'avons pas encore perdu la partie ! » Mais nous, nous l'avions perdue, la partie. Je ne revis plus jamais *Robinson,* car je dus quitter Orléans avec des milliers d'habitants et partir pour l'exode devant l'avance allemande. Et je n'ai jamais su depuis ce qu'étaient devenus dans leur grotte Guy l'Éclair, la reine Frya... et le ver géant.

Tankers au crépuscule

Ils sont beaux, si beaux avec leur coque immense et nue, légèrement ourlée de vagues quand le vent souffle, avec leurs superstructures et leur château arrière tout nimbés d'or par le couchant ! Immobilisés par la crise mondiale qui les a jetés au large des ports ou près des bassins de radoub, ou ancrés dans l'attente de quelque chargement ou de quelque réparation, on les voit nombreux, à l'entrée des ports, désarmés, désœuvrés, livrés aux jeux du crépuscule.

Ce sont des tankers et certains, qui atteignent 250 000 tonnes de port en lourd, sont même des super-tankers. Ils transportent presque toujours du pétrole brut et quelquefois des marchandises en containers. Tankers : réservoirs flottants tournant sans fin, des terminaux des puits pétroliers à ceux des raffineries, citernes géantes, colosses creux. Des monstres en vérité, dont le gigantisme se perçoit mieux sur place que vu de l'extérieur quand on croise ou longe le navire. C'est que, face à l'infini de la mer et à l'immensité de l'horizon, les plus grands d'entre eux perdent leurs dimensions alors que, vus de l'intérieur, ils donnent une impression d'énormité, de démesure. Visiter un tanker, ce n'est pas visiter un bateau, mais une usine ou un hangar flottant. Plus rien – sauf les coursives et les cabines – n'y a d'échelle humaine car tout est conçu pour le pétrole et pour la cargaison. Le reste – pour des raisons de rentabilité et de sécurité – est rejeté à l'arrière du navire où se regroupent les machines, la timonerie, les cabines et tous les locaux d'entretien. Cette disposition donne aux tankers une silhouette bâtarde, asymétrique, comme s'ils étaient nés des amours contrariées d'une résidence de luxe et d'un ponton flottant.

Comme les transatlantiques, les tankers sont des villes flottantes, mais des villes presque inhabitées. L'automatisation poussée de la machinerie fait qu'un équipage d'une vingtaine d'hommes suffit à manœuvrer un navire de 200 000 tonnes. Un tanker, c'est une ville où n'habiteraient plus que des pompiers, des ingénieurs, des cartographes et des grutiers.

En visitant l'un d'eux en Grèce, dans un bassin de radoub de la baie d'Éleusis, j'ai pu vérifier ce jour-là ce qu'était un tanker jusque dans ses entrailles intimes. Pour cela, il faut gagner, tout en haut du château arrière, la passerelle de navigation et de là se pencher vers les cales : une hauteur de quinze étages sépare les deux niveaux, au point que les ouvriers travaillant dans les soutes paraissent, vus d'en haut, des gnomes affairés à d'étranges jeux d'étincelles. Et l'on se dit, l'on se murmure immanquablement : *cela* peut-il vraiment flotter et naviguer, *cela* est-il véritablement un bateau ? Qu'auraient dit Poséidon, Amphitrite, Nérée et les Néréides (qui aimaient tant en cette baie d'Éleusis jouer avec l'écume et la crête des vagues), qu'auraient-ils dit en voyant s'avancer vers eux un tanker ? Le trident de Poséidon n'aurait pas fait grand mal à sa coque et j'imagine les cris d'horreur des Néréides en voyant leurs cheveux englués de mazout... car ces tankers, si grands qu'un seul d'entre eux pourrait contenir un exemplaire de tous les animaux vivant sur terre et qu'une baleine nagerait à l'aise dans la cale vide de cette arche, ces tankers sont aussi à l'origine des marées noires lorsqu'ils heurtent quelque récif (en dépit des radars, en dépit des sonars) ou encore quelque autre cargo...

Et pourtant ils sont beaux quand le soleil couchant nimbe d'une aura d'or leur coque et leur château arrière. Ils sont beaux comme des colosses aux jeux interrompus, des monstres muselés tenus en laisse par la mer. Beaux comme des géants terrassés, victimes des gigantomachies mondiales du pétrole. Beaux comme la rencontre au crépuscule, sur la surface étale de la baie d'Éleusis, des cheveux d'or d'une Néréide et d'une nappe irisée d'essence.

Dirigeables

On les croyait disparus à jamais, fossiles célestes et surannés, vaincus par les plus lourds que l'air. On les croyait révolus à jamais depuis que le plus gros d'entre eux, le *Hindenburg*, avait explosé le 6 mai 1937 avec 97 personnes à son bord en revenant à son hangar de Lakenhurst. On croyait qu'ils appartenaient au monde héroïque et désuet des plus légers que l'air, des ballons libres, des aéronefs et des aéroscaphes, tout juste bons à faire trois sauts de puce en l'air avant de retomber. Mais voici qu'ils reviennent aujourd'hui dans le ciel, promeneurs de réclames et porteurs de publicités et tout gonflés d'un gaz nouveau. Car ce ballon oblong qu'on nomma dirigeable puisqu'en principe on le dirigeait à sa guise, cette baleine aérienne et grise qui nage sans bruit dans le ciel n'a plus à redouter d'incendie, d'explosion depuis la découverte de l'hélium.

Paquebot céleste ou navire aérien, voilà ce qu'était jadis un dirigeable. Le *Graf-Zeppelin* qui reliait l'Allemagne à l'Argentine en trois jours seulement était long de 236 mètres et contenait

105 000 mètres cubes d'hydrogène et de mélange gazeux. Il était propulsé par cinq moteurs répartis dans des nacelles spéciales, tandis qu'à l'avant ou plutôt sous l'avant une grande cabine comprenait le poste d'équipage, la cabine de pilotage, une cuisine, des couchettes pour les passagers et une vaste salle à manger vitrée d'où l'on pouvait admirer les paysages survolés. « Aucune comparaison ne peut se faire entre le plus luxueux des avions modernes et le *Graf-Zeppelin* d'avant-guerre au point de vue de l'agrément des voyages », écrit Charles Dollfus, un des pionniers de l'aérostation et historien de l'aviation.

Et c'était vrai : on se croyait sur un bateau alors qu'on glissait dans les airs. On disposait du luxe, de tout l'espace d'un paquebot mais on allait trois fois plus vite. Et puis, avec le dirigeable, plus besoin de terrain d'aviation, de piste d'atterrissage, de bâtiments multiples ni d'entretien coûteux. À l'inverse des avions modernes, ogres avaleurs de kérosène, le dirigeable était aussi sobre en l'air que sur terre… « Pendant cinq ans, écrit Charles Dollfus, le *Graf-Zeppelin* assura le service entre l'Allemagne et l'Argentine sans autre besoin qu'un hangar étroit en Allemagne et un simple mât d'amarrage à Pernambuco, érigé au milieu d'un terrain vague. » C'est d'ailleurs un dirigeable identique qui fit en 1929 le tour du monde en quatre étapes seulement avec 50 personnes à bord. Certains eurent donc leur heure de gloire, d'autres comme le *Hindenburg* leur minute de malheur. D'autres encore firent preuve d'endurance et même d'héroïsme. Le dirigeable américain *Snowbird* resta en l'air pendant plus de onze jours avec une quinzaine de personnes à bord, parcourant 15 000 kilomètres à travers l'Atlantique. Et en 1926, c'est un dirigeable, le *Norge*, qui survola le pôle Nord pour la première fois et traversa sans incident toute la calotte glaciaire.

Voilà pourquoi je rêve du prompt retour des dirigeables. Non pour survoler le pôle Nord ou patrouiller dans l'Atlantique, mais simplement pour que le vol redevienne un plaisir, ne soit plus contrainte et urgence. Parce que le dirigeable est silencieux, sobre, discret. Parce que avec lui le ciel n'est plus inhumain, pollué, kéroséné. Parce que avec lui les oiseaux ne craindront plus le ciel des hommes. Et parce que avec lui on peut s'arrêter n'importe où, rester sur place, repartir et survoler le monde en comptant les herbes des prés et les arbres de la forêt.

Voilà pourquoi je rêve du prompt retour des dirigeables. Pour revoir dans le ciel leur silhouette oblongue et obèse, leur bonhomie pansue, leur lenteur de cétacés dociles quand ils visitent là-haut l'abîme des nuages. Voilà pourquoi je rêve du prompt retour des dirigeables, bien qu'aujourd'hui on ne les nomme plus guère ainsi. Car leur nouveau nom est *aéronef allégé*.

Supermarchés

SUPER, *Hyper*, *Maxi*, ces préfixes le disent bien : les marchés géants aiment le superlatif. Mais ce superlatif s'applique plus en général aux dimensions de l'édifice qu'à la qualité des produits, semblables à ceux qu'on peut trouver partout ailleurs. Alors pourquoi fréquente-t-on les supermarchés ? Parce que, répond la ménagère, les prix y sont avantageux, les produits plus nombreux et plus variés qu'ailleurs. Autrement dit, parce qu'on y est incité à l'achat par une savante succession de tentations. Dans une épicerie traditionnelle – où l'on ne trouve que des produits alimentaires –, on achète avant tout ce qu'on est venu y chercher. Dans un supermarché, on achète aussi ce à quoi on ne pensait pas en entrant. En d'autres termes, dans une épicerie traditionnelle, l'essence de l'achat (le produit désiré) précède son existence. Dans un supermarché, c'est le contraire : même sans idée précise, on trouvera toujours ce à quoi on ne pensait pas. L'existence (le produit désirable) y précède l'essence (le produit désiré).

On comprend pourquoi les supermarchés sont nés en France après la guerre en même temps que l'existentialisme. Avec l'existentialisme, on naît d'abord et on ne pense qu'ensuite à l'essence possible de son existence. Avec le supermarché, on tend aussi à acheter d'abord, à réfléchir ensuite. Le primat de l'existence et du produit y domine dans les deux cas.

Tous les supermarchés se ressemblent par l'abondance, l'accumulation et la variété des articles et des produits. Tous diffèrent par le nombre, l'arrangement et la répartition de leurs rayons. Le principe des rayons est ancien, et existait déjà dans les grands magasins d'avant-guerre. Mais les supermarchés sont à l'image de l'après-guerre, ils reflètent la naissance et l'évolution d'un nouveau type de ménagère et de consommateur. D'abord, au lieu d'être de grands immeubles à étages, ce sont des bâtiments horizontaux, couvrant d'immenses surfaces bordées (quand elles ne sont pas en ville) de parkings où s'alignent les files processionnaires des caddies. Le Caddie est né lui aussi avec l'existentialisme et le supermarché, et il est au cabas d'avant-guerre ce qu'une voiture moderne est à celle de Cugnot. Par sa seule présence à l'entrée, il est déjà une claire incitation à la débauche, c'est-à-dire au remplissage systématique et intensif. Mais on peut aussi s'en servir comme poussette car les jeunes enfants adorent les Caddies. Et l'on voit aujourd'hui dans les supermarchés des scènes inconnues – impensables même – au temps où Zola écrivait *Au bonheur des dames* : des mères ménagères poussant devant elle, au cœur d'éblouissants rayons, cette poche d'acier marsupiale où rêve et rit un petit d'homme.

Ce qui distingue les supermarchés – les différentes chaînes commerciales – les uns des autres, c'est avant tout l'arrangement et la répartition de leurs rayons. Cette répartition confère à chacun sa personnalité. Un magasin où les dessous féminins voisinent avec les produits sanitaires ne propose pas la même image que celui où lesdits dessous voisinent avec la parfumerie. Dans tel supermarché de ma région, j'ai toujours un sursaut en voyant le rayon livres voisiner avec celui des accessoires auto. Dans tel autre où les livres voisinent avec les articles de toilette – notamment les rasoirs –, je me demande toujours s'il n'y a pas là quelque intention secrète. Bref, la répartition des denrées, des produits, des articles obéit toujours à des principes rationnels, mais ces principes varient étonnamment selon les cas. Chaque grande surface a sa logique interne dont la découverte (quand elle se fait) vous procure une joie bizarre et inavouable. Comprendre pourquoi, en tel supermarché, la lingerie féminine voisine avec les jouets et en tel autre avec les vins fins peut ouvrir quelque lumière sur le psychisme du ou des responsables. Je n'hésite donc pas à écrire que la répartition des articles et la juxtaposition des rayons d'un supermarché sont autant de projections visibles, palpables et parfois parfumées, du subconscient de son propriétaire ou de son concepteur.

Labyrinthe pour le visiteur, éden pour le consommateur, salut ou perdition des ménagères, le supermarché fait de chaque client un moderne Thésée, égaré entre Boucherie et Bricolage. Mais il a une autre fonction, nette, visible, avouée, revendiquée : celle de nous tenter. Un supermarché offre aujourd'hui, sur un espace restreint, tout ce dont les hommes ont rêvé pendant des siècles sans l'avoir. Bien sûr, tous les articles n'y sont pas accessibles pour tous mais ils sont là, visibles sinon palpables, offerts sinon livrables. Des accessoires auto aux plaques de zinc (pour rester dans les limites de l'alphabet), il offre un éventail précis des besoins et des désirs de notre époque. Les tondeuses à gazon, par exemple – clou de tout rayon jardinage –, sont bien la preuve de cette évolution : celle d'une société où, les problèmes de survie étant réglés, on accède à une double vie et donc à une double maison ou un double foyer : celle de la ville et celle de la campagne. Un vrai supermarché, c'est, pour la ménagère militante, une configuration de contiguïtés tentatrices. Tentations qui, bien sûr, n'ont plus grand-chose à voir avec celles de saint Antoine dans son désert. Les Cocotte-Minute y remplacent les Harpyes séculaires, le four à micro-ondes la gueule de l'Enfer. Il faut se résigner : les grandes surfaces sont devenues les sanctuaires de l'avoir et de l'abondance. C'est pourquoi le visiteur profane, la ménagère novice risquent de succomber à leurs faciles tentations, à cette ivresse particulière qui vous saisit devant les étalages et les ors de la profusion. Je ne connais qu'un seul moyen d'y résister : réciter, murmurer ou déclamer à haute voix en longeant les rayons tentateurs le bréviaire du Tempérant ou le missel du Renonçant. Et voir ce qui arrive ensuite.

Le navire des abysses

BATHYSPHÈRE. Benthoscope. Bathyscaphe. On lui a donné divers noms mais qui tous disent l'abîme ou l'abysse, car il a peu de chose à voir avec un vrai navire. Quand il part en mer, ce n'est pas pour y flotter ou naviguer, mais pour y couler le plus longtemps et le plus bas possible. En fait, il se présente comme une sphère suspendue ou intégrée à un flotteur empli d'essence, ce qui lui donne plutôt l'aspect d'un sous-marin de poche. Montgolfières, ballons et dirigeables font partie des plus légers que l'air. Le bathyscaphe, lui, fait partie des plus légers que l'eau. Il est l'explorateur des failles et des fosses marines, le voyeur de fonds jamais vus. N'a-t-il pas atteint la plus grande profondeur connue dans la fosse des Kouriles, au nord de la mer du Japon, à 11 034 mètres de fond ? Nul jusqu'alors n'était descendu aussi bas, et nul jamais n'avait pu voir la nuit la plus immaculée et la plus absolue du monde. Mais deux hommes y sont parvenus : Dan Walsh et Jacques Piccard en janvier 1960. Et ce qu'ils virent tout au fond ressemblait étrangement à ce que virent Edwin

Aldrin et Neil Armstrong sur la surface de la Lune. À quelques années de distance, quatre hommes visitèrent les abysses des mers et les abîmes du ciel, visitèrent les confins de la science et du rêve et purent voir les deux nuits sans fin du cosmos, celle du ciel lunaire et celle du fond des mers.

Qu'ont vu Dan Walsh et Jacques Piccard, qu'ont vu ceux qui leur succédèrent et posèrent leur bathyscaphe au fond des fosses des Philippines, au large des îles Galapagos ou sur les dorsales de l'Atlantique ? Ils ont vu une étendue grise couverte d'une vase légère. Ils ont vu ce que vit Armstrong lorsqu'il débarqua sur la Lune. Car on voit, en Méditerranée notamment, des fonds « d'une décevante pauvreté qui s'explique par la faiblesse des courants profonds au sein de cette mer qui ne communique avec l'océan que par le seuil de Gibraltar », écrit l'océanographe J.-M. Pérès qui fit de très nombreuses plongées en bathyscaphe sur toutes les mers du globe.

Mais on y voit aussi, fugaces, évanescents ou parfois immobiles, apparemment indifférents à la présence de l'engin, des créatures agiles, des créatures graciles, inconnues jusqu'alors, des gnomes et des lutins des profondeurs, et le premier d'entre eux, découvert au large de Toulon, le *Benthosaurus aveugle,* un poisson nanti de trois longs pédoncules en haut desquels il guette sa proie, comme sur des échasses. Et aussi le *Coelorynchus krishinonyei* et l'*Ophictus urolophus*. Efforçons-nous de retenir ces noms – sonores comme échos de cascades en des lacs souterrains –, car ils appartiennent à un monde que seul notre siècle a pu et a su découvrir, un monde d'elfes abyssaux dont la reine est la grande actinie tout échevelée *Bolocera longicornis*, aux tentacules aussi gros que des doigts d'enfant.

Le premier qui osa s'aventurer vivant dans la nuit des grands fonds fut l'océanographe américain William Beebe dont le récit, paru en 1935, *En plongée par 900 mètres de fond*, fut une des lectures préférées de mon adolescence. À force de le lire et de le relire, je finis par le connaître presque par cœur, à l'exception des passages techniques ou trop scientifiques dont la nomenclature m'ennuyait. Ces années-là, j'ai vécu une partie de mes jours dans la nuit des abysses aux côtés de William Beebe et de son compagnon, m'imaginant avec eux dans la sphère d'acier suspendue au bout d'un filin, où ils passaient des heures à grelotter, émerveillés, devant les visions des abysses. Je me prenais à murmurer, à côté d'eux, la première fois que « nous » parvînmes à – 420 mètres de profondeur, « ... oui, depuis le début de l'humanité, depuis l'époque où les Phéniciens avaient les premiers osé affronter la mer, des milliers d'individus étaient parvenus à la profondeur où nous nous tenions et l'avaient même dépassée. Mais ces individus étaient morts, victimes soit de la guerre, soit de la tempête, soit d'autres volontés divines. Nous étions les premiers vivants à contempler cette lumière extraordinaire, inimaginable : elle était d'un bleu limpide, indéfinissable, différente de tout ce que l'on peut voir sur la terre, et elle agissait sur nos nerfs optiques d'une façon déconcertante. Plus nous réfléchissions, plus nous lui donnions le qualificatif de brillante, et pourtant chaque fois que j'ouvrais un livre je m'apercevais que je ne voyais pas de différence entre une page blanche et une page en couleurs. J'essayais de libérer mon esprit de l'énervement provoqué par notre situation dans l'élément liquide et je m'efforçais de penser calmement à une couleur correspondante : en vain ».

Et le jour où « nous » dépassâmes les 500 mètres, j'entendis : « ... ayant atteint 500 mètres, je m'y arrêtai et me livrai à des observations aussi poussées que possible. Il était impossible de percevoir la moindre parcelle de bleu à l'extérieur. Tout était noir, noir, noir, et aucun de mes instruments n'enregistrait la plus petite lueur. J'avais atteint maintenant un des buts les plus importants de cette plongée : parvenir au-dessous du point où la lumière est humainement visible. Autant que l'œil pouvait en juger, j'étais au-delà de la lumière solaire et à partir de ces régions, depuis deux milliards d'années, il n'y avait eu ni jour ni nuit ni été ni hiver ni aucune notion de durée avant que nous ne soyons venus pour le constater ».

Maintenant que la nuit océane, nuit abyssale et vierge, a été vue, décrite et déflorée par le navire des profondeurs, maintenant qu'elle a été parcourue, observée, éclairée par ses projecteurs, fouillée, palpée par ses pinces prédatrices, maintenant que l'homme a exploré – en tout cas visité – l'inconscient des mers, les fosses obscures des origines, et les sutures encore chaudes – fontanelles de nos commencements – qui parsèment la dorsale orientale du Pacifique et où croissent, témoins exubérants et colorés des premiers mondes, des colonies de vers géants pogonophores, maintenant que nous avons exploré, en tout cas visité, les profondeurs de notre mer originelle, nous en connaissons mieux les habitants nocturnes : actinies, vers, crevettes, et surtout les rêves et les cauchemars phosphorescents : Idiacanthus, Eustomias, Sternoptyx et Eurypharynx. Il faut aussi retenir ces noms-là et ne les prononcer qu'en chuchotant, puisque ce sont les noms des fantasmes et des fantasmagories incarnés de notre mer. Gueule toujours béante et mâchoires géantes, ils sont les fantômes luminescents et carnassiers qui hantent la nuit primitive et peut-être les rêves du temps dévorateur.

Et tout cela grâce au navire au nom d'abîme, au nom d'abysse, visiteur, voyeur et violeur de cette nuit vierge et vorace, tout cela grâce au bathyscaphe, le seul à avoir décelé et rapporté vers la surface le lourd secret des profondeurs.

Les fantômes de l'autoroute

COMME tout fantôme, ils n'apparaissent qu'avec la nuit et on les pressent d'abord dans la lueur des phares quand une voiture va vous croiser, en ces halos mouvants qui se précisent pour devenir ocelles ardents dardés sur vous un court instant avant de retrouver leur regard rectiligne. Ils n'apparaissent qu'avec la nuit, faisceaux hésitants, fugitifs érigeant dans le ciel de minuscules aurores boréales, de frêles draperies vite happées par l'obscurité. Voilà pourquoi j'aime rouler la nuit sur l'autoroute : pour ces lueurs fantasmagoriques, ces livides apparitions, pour ce théâtre d'éclairs et d'ombres que les phares dressent devant vous. Et aussi parce que les voitures perdent leur arrogance, perdent leur masse obtuse pour se muer en étoiles furtives. Tout s'atténue alors et tout s'allège, même le monstre fou qui vous frôle et vous dépasse en trombe puis s'amenuise devant vous jusqu'à n'être plus que deux points, deux astres rouges qui clignotent et s'effacent. Tout s'atténue alors et tout s'allège, même le lourd camion venant en sens inverse, coiffé de feux multicolores et qui s'éloigne dans la nuit à la façon des nébuleuses.

Mais j'aime aussi la pluie, la nuit, sur l'autoroute. Elle atténue et elle allège la pesanteur des véhicules, mue la chaussée en un long chenal scintillant, tout flamboyant des feux d'une fête nautique. Et pour peu que le vent s'en mêle, on sent la voiture tanguer sous les rafales et ruisseler sous les embruns d'eau douce.

Nuit, pluie et vent : temps rêvé pour les fantômes de l'autoroute. Ils surgissent alors de partout, des halos hallucinés des phares, des rosaces d'eau folle s'effeuillant sur les pare-brise, des faisceaux errants traversant votre route. Faisceaux blanc, jaune et rouge, quelquefois bleu et vert quand d'énormes cargos vous croisent ou vous dépassent, par bâbord ou tribord amure, dans un jaillissement d'écume. Ce sont alors, de tous côtés, des lueurs de balises affolées, des appels de bateaux en détresse, et l'on se sent naviguer dans une nuit sans repères ni amers, entrecoupée d'éclairs, de signaux ivres, d'éclats intermittents au loin, dont ni la durée ni le code ne figurent sur quelque « Traité de navigation sur autoroute ». Il faut alors réinventer la nuit, déchiffrer ces lueurs, ces messages depuis votre timonerie dérisoire, ces éclats qui parfois vous éclairent et parfois vous aveuglent tandis que les fantômes passent en foule avec, trempées, leurs camisoles de lumière et leurs draps déchirés d'éclairs. Comme si l'autoroute traversait et profanait soudain des cimetières enfouis, des nécropoles ignorées en réveillant par la lueur des phares ces milliers de revenants inquiets. On voit leur silhouette impalpable s'ébattre, s'élancer puis s'émietter dans le suaire des gouttes avant de s'effondrer en une gerbe d'ombres. Pour renaître une seconde après dans l'illumination d'un autre phare.

Pluie, vent et nuit. Il faut tout cela pour que l'autoroute cesse d'être une voie romaine bétonnée, une draille sans âme pour transhumants motorisés. Il faut tout cela, la nuit, la pluie, le vent, pour que, le temps d'un éclat ou d'un halo entre deux phares, elle devienne une Voie lactée descendue sur la Terre, ponctuée d'étoiles blanches, jaunes et rouges. Et quelquefois d'étoiles bleues quand, venant vers vous en sens inverse, un long astronef vous croise et s'éloigne comme un zodiaque en fête.

Dans les entrailles du CERN

PAR milliers des fils, des câbles, et par milliers des tubes. Par centaines, des aimants, des détecteurs, des pompes à vide, des chambres à bulles, des chambres à fils, des anneaux de stockage, des accumulateurs, des accélérateurs. Et aussi des bobines supraconductrices, des calorimètres hadoniques, des tonneaux de focalisation annulaire, le tout enfermé dans une chambre à muons… Qu'elles soient à fils, à bulles ou à muons, les chambres ont ici pour particularité d'avoir pour hôtes des particules, non des particuliers. Particules élémentaires, qui plus est, car ce sont celles qui constituent les éléments ultimes de la matière. Rendues sensibles, rendues soumises à l'attraction de centaines d'électroaimants, elles accourent dans ces anneaux et ces chambres nuptiales ! Non pour y demeurer d'ailleurs, mais pour les traverser. Elles ne font vraiment qu'y passer puisqu'elles n'y restent qu'un millionième de seconde, le temps de laisser derrière elles le sillage de leur trajet…

Et tout cela : ces chambres, ces anneaux, ces trajets, ces tracés, se passe près de Genève sur les terrains du CERN, le Centre européen de recherches nucléaires. Et que recherche-t-on au juste ? Rien moins que le secret de la matière, de l'énergie, de l'univers. Mais pour scruter ainsi l'infiniment petit et briser le cœur des atomes, il faut des énergies et des installations phénoménales, il faut une ville entière de savants, d'ingénieurs et de techniciens avec, à 100 mètres sous terre, un anneau circulaire de 28 kilomètres abritant des accélérateurs géants et des forêts de fils, de câbles et de tubes.

Compter le nombre de rivets, de vis et de soudures, le nombre de prises et d'écrans reviendrait à vouloir compter les grains du sable au beau milieu du Sahara. Au centre de l'anneau circulaire, dans le tube à vide qu'il recèle, lancées, accélérées, maintenues en peloton serré par des centaines d'électroaimants, les particules se mettent à tourner si vite qu'elles approchent la vitesse de la lumière. On les dirige alors vers d'autres particules avec lesquelles elles entrent en collision, choc à la fois intense et infime, mais qui provoque une apparition de matière ! Très peu certes et, pour tout dire, une quantité infinitésimale, de l'ordre du milliardième de gramme, mais enfin c'est un fait : l'énergie de ces particules s'est muée par la collision en matière, engendrant de nouvelles particules.

Dans une des salles du CERN, de grandes reproductions illustrent leur parcours au sein des chambres à bulles, saisi et imagé par des ordinateurs. Que voit-on ? On voit sur fond de nuit cosmique se détacher des lignes droites, des courbes, des gerbes irisées, tout un réseau de fins sillages.

On voit un somptueux feu d'artifice, un geyser lilliputien : la naissance de la matière !

Jamais, avant de visiter ce lieu, je n'eusse imaginé ainsi les conséquences de la rencontre d'un proton et d'un antiproton dans l'alcôve d'une chambre à bulles ! « Examinez bien cette image, me dit l'ingénieur qui me guide dans les dédales du CERN, vous voyez nettement ici les traces de la collision, avec désintégration d'un boson Z intermédiaire entre un électron et un positon. » Je regarde attentivement mais ce que je vois, c'est une nuit bleutée comme celle des grands fonds marins où des animalcules auraient laissé les traces de leurs sillages luminescents. Ce que je vois, c'est un ciel nocturne traversé d'éclairs et balafré d'étoiles filantes, ou encore sur un fond d'un noir monochrome les ponctuations d'un peintre pointilliste. On voit autant de choses au cœur de la matière que dans le fond des mers ou sur la surface de la Lune. On voit surtout, grâce à l'ordinateur, ce que les yeux ne peuvent, ne pourront jamais voir par eux-mêmes : on voit la signature, la griffe ou le paraphe de la matière naissante !

Résumons : électrons, positons, neutrons, bosons, protons, photons... et combien d'autres ! Je ne mentionne ici que l'aristocratie des particules. Combien restent encore à découvrir qui attendent dans les replis souterrains du CERN la collision féconde qui les enfantera dans la nuit d'une chambre à bulles ? Quelles étranges nativités ! Cet anneau lové dans les entrailles de la terre – comme jadis à Delphes le serpent Python –, ce serpent d'aimants et d'acier où s'effectue la mue des particules n'annonce-t-il pas les fonts baptismaux du futur ? Voilà ce qu'on baptise dans les entrailles du CERN, au terme de tournoiements sans fin et de manèges fous : la naissance de vierges particules qui, en un millionième de seconde, n'auront jamais le temps d'aimer !

Châteaux d'eau

L'EXPRESSION m'intriguait fort lorsque j'étais enfant : pourquoi l'eau avait-elle besoin d'un château ? Puis l'évidence s'imposa : ces champignons géants, grisâtres et souvent grossiers poussant près des villages n'avaient vraiment rien d'un château ! Alors, pourquoi les appeler ainsi ? À l'époque, aucun adulte ne sut répondre à mes questions. Mais je m'entêtai : cette expression étant absurde, il fallait en trouver une autre. Pourquoi ne pas les appeler *greniers d'eau, prisons d'eau* ? Personne ne m'écouta. C'est pourquoi on continue de nommer stupidement châteaux d'eau ces constructions sans grâce parsemant villes et campagnes.

De quand datent les châteaux d'eau ? Comme les pylônes, bien que moins hauts et moins visibles, ils sont devenus les amers des paysages d'aujourd'hui, signalant immanquablement la proximité d'un village. On les bâtit toujours sur des hauteurs puisqu'ils doivent porter l'eau plus haut que la plus haute des maisons. C'est pourquoi ils sont généralement évasés, comme certains champignons, avec un tronc trapu souvent percé d'une ouverture. De loin, par temps brumeux, ils pourraient passer pour des tours isolées, entées d'inexplicables boursouflures, des donjons médiévaux perdus dans notre siècle. Ou encore pour des phares terriens, mais des phares sans lanterne et sans feux, dominant la houle des blés ou les crêtes figées des maisons.

D'autres, en quelques pays, ont des formes plus libres et plus inattendues : ballons, montgolfières, fortins ou casemates, dômes, coupoles, toujours juchés sur des soubassements carrés, rectangulaires, ronds ou octogonaux. Depuis la guerre, il arrive même qu'on les peigne et qu'on les décore pour mieux les intégrer au paysage urbain, qu'on affine leur tronc ou leur bulbe qui s'évase alors en une vaste corolle de béton ouverte sur le ciel. C'est que, quelle que soit leur forme, leur unique rôle est de retenir l'eau, de la maintenir à une pression constante et de la distribuer en fonction des besoins. Tous les châteaux, sachez-le, obéissent au principe des vases communicants, ce sont des vases géants et collectifs, démonstrations parfaites des lois de l'hydraulique.

Pourtant, certains ne sont pas sans charme quand, isolés dans la campagne, on les voit de loin, quille géante, cheminée des fées ou, pour les plus récents d'entre eux, tulipe pétrifiée, vasque offerte aux humeurs du ciel. Pourtant ce n'est pas la pluie qu'ils reçoivent, mais l'eau qui vient d'en bas par des canalisations et monte jusqu'à eux. Ils sont, c'est vrai, de bien piètres châteaux mais de beaux réservoirs. Mieux vaudrait, au fond, les appeler des maisons d'eau. D'ailleurs, certains

– en Allemagne notamment – ressemblent à des guérites suspendues, abritant la faction de l'eau, au point qu'on pourrait les confondre avec des sentinelles de pierre. Mais cette image disparaît à mesure que l'on se rapproche, que se précisent leur architecture et leur nudité débonnaires. Il n'y a vraiment rien à redouter d'un château d'eau. Enfant, je les croyais pleins d'eau, comme une gigantesque piscine où l'on aurait pu se noyer. Mais non : corolle, couvercle ou chapeau, leur sommet n'abrite qu'un simple réservoir, une retenue d'eau ou si l'on veut de l'eau en retenue. Oui, ce sont bien des forteresses inoffensives, d'innocentes Bastilles où l'eau n'est détenue que pour mieux s'échapper. Des clochers, pour la soif des villages. Des sources suspendues. Des nuages prisonniers. En somme, oui, des châteaux d'eau, de vrais châteaux pour la belle eau dormante.

Le cinématographe

À Jean Mailland

De nos jours, on ne va plus au cinéma, on va au ciné, au cinoche. Mais dans mon enfance, on allait encore au cinématographe. On y voyait des films muets dans des salles enfumées où un pianiste installé en coulisse (ou dans la fosse d'orchestre) accompagnait les images de l'écran. Le samedi et le dimanche (seuls jours, avec le jeudi, où je pouvais sortir), il y avait aussi des entractes avec des attractions : prestidigitateurs, clowns et acrobates. Cela se passait dans les années trente. Les cinémas portaient des noms pompeux et exotiques – *Alhambra, Alcazar, Eden, Eldorado* – et l'on s'y rendait en famille au cours de sorties solennelles, comme pour le théâtre. Mais le public du cinématographe était plus varié, plus populaire, plus spontané que celui du théâtre, et l'atmosphère n'y était pas du tout la même. Ces sorties tant attendues dépendaient toutefois de mes notes en classe. Aussi étais-je parfois privé de cinéma comme à d'autres moments j'étais privé de confiture. Voilà pourquoi le cinématographe a toujours eu pour moi un goût de friandise.

Bien entendu, les projections n'avaient pas la régularité ni la perfection de celles d'aujourd'hui. Les images sautaient et tressautaient sans cesse ; le film cassait fréquemment et, quand la réparation se prolongeait, il arrivait que quelqu'un monte sur scène pour nous raconter des histoires. C'était un vrai plaisir avec un vrai public, qui s'enthousiasmait ou s'impatientait vite et réagissait souvent à voix haute. Les programmes étaient très éclectiques, du documentaire scolaire aux films comiques et aux mélodrames. On utilisait déjà largement, surtout dans les documentaires, les procédés techniques, à savoir l'accéléré et le ralenti. Je me souviens particulièrement bien d'une séquence de saut à la perche, tournée au ralenti, qui me sidéra. Je demeurai bouche bée devant cette prouesse incroyable : arriver à bondir lentement ! Ma mère à mes côtés ne cessait de répéter : « Comment fait-il pour sauter ainsi, je me le demande ! » Jamais l'idée ne nous serait venue qu'il pouvait s'agir d'un trucage.

C'est ainsi que je vis alors les films de Charlot, tous muets, avec des intertitres entre les séquences. Depuis, on les a si souvent projetés dans les ciné-clubs qu'on a fini par se réhabituer à ces images sautillantes, aux gestes saccadés des personnages. Mais à l'époque, ces sautillements, saccades et soubresauts donnaient aux mouvements et attitudes quelque chose de gauche, de comique ou de grotesque, selon les cas, qui rendait ce monde irréel. L'agitation, la gesticulation, la frénésie conviennent mal à l'expression de sentiments sérieux. Les gestes les plus simples perdent pour nous leur sens en perdant leur rythme naturel : ralentis, ils deviennent grandiloquents ; accélérés, ils nous transforment en marionnettes. De plus, l'absence de sons et de dialogues obligeait les acteurs à forcer leur jeu, à mimer plus qu'exprimer leurs sentiments, qu'il fallait lire ou deviner par la seule expression des corps et des visages. C'est pour cela qu'à mon sens le cinéma(tographe) mit longtemps avant de s'imposer comme un art véritable, capable de rivaliser avec les autres : parce que pour « faire de l'art » il faut des êtres humains, pas des automates animés. Ceux-ci par contre conviennent à merveille pour le comique et la caricature. C'est pourquoi le cinéma(tographe) trouva d'emblée son style comique, mais dut attendre le parlant pour trouver sa vocation tragique.

À l'époque où j'étais enfant, j'aimais pourtant ces images outrées et souvent fantastiques qui m'offraient un monde à peine imaginable, si différent de celui des images immobiles des livres, un monde né des techniques du cinéma(tographe), du ralenti, de la surimpression, du fondu enchaîné. Plus que des projections, c'étaient des prestidigitations d'images ! En cela, le cinématographe rejoignait les contes de fées : tout pouvait s'y transformer, s'y métamorphoser d'un coup de baguette magique. Par la suite, l'habitude aidant, ces procédés et ces trouvailles finirent par perdre leur attrait. Et puis, en se perfectionnant techniquement, en créant des images de plus en plus conformes à notre vie réelle, en restituant à nos gestes et à nos attitudes leur rythme naturel (et aussi en inventant le son et la couleur), le cinéma gagna en vraisemblance mais perdit en partie son pouvoir féerique. D'ailleurs, c'est au même moment, lors de l'invention du parlant, qu'il abandonna définitivement son suffixe grec pour devenir le cinéma tout court. En perdant son *-graphe*, le cinéma perdit aussi beaucoup de sa magie.

Quand je les vis dans les années 1932-1933, les premiers films de Charlot me firent la même impression que par la suite les bandes dessinées de *Robinson* : j'entrais dans un autre monde (ici celui d'une Amérique pauvre et souvent même misérable) où nombre de choses différaient entièrement de mon univers quotidien : les voitures, les rues, les boutiques, les modes, les maisons et leur intérieur. Tous ces signes étaient ceux d'un pays gigantesque, impitoyable, dont Charlot était l'habitant romantique, perdu au milieu de – et par – l'égoïsme des hommes. Il vivait dans ce monde comme Félix dans celui des chats : en marginal et en exclu. Telles furent, par le biais des films et plus tard des bandes dessinées, les premières images que j'eus de l'Amérique, images plus fortes et plus durables que celles, déjà folkloriques, des cow-boys et des Indiens. C'était une Amérique impitoyable, l'Amérique du chômage et des gangsters, un pays pas très attirant et encore moins une terre romantique. Pourtant Charlot rendait ce pays captivant. Je tiens pour une grande chance d'être né en 1925 et d'avoir pu connaître le cinéma juste avant l'invention du parlant quand il était encore, sous le nom oublié de cinématographe, le seul divertissement qui fût à la fois surréaliste et populaire. Il tirait sa magie de ses insuffisances, son irréalité de ses imperfections et son pouvoir de séduction de trucages qu'aujourd'hui on trouverait grossiers. De nos jours, le cinéma reste encore, en certaines de ses œuvres, l'art de truquer savamment ou poétiquement le temps et l'espace, de les étendre ou de les resserrer à volonté sur un écran perlé. Mais les techniques ont évolué ainsi que l'art de la mise en scène, les goûts du public ont changé, si bien que l'écart a de plus en plus diminué entre le monde et son image sur l'écran. Bien sûr, j'ai connu aussi l'époque de l'après-guerre, du cinéma-vérité et de la caméra-stylo, qui n'avaient plus guère que trois syllabes en commun avec le cinématographe. On rencontre beaucoup moins aujourd'hui cette folle liberté d'invention et de création, cette passion du trucage, sauf dans les films de science-fiction ou d'épouvante, les seuls à proposer encore le monde magique, merveilleux ou fantastique de mon enfance. J'aimais aussi la pénombre de ces salles obscures juste éclairées par les faisceaux du projecteur dont le moteur crépitait comme une mitrailleuse en sourdine. Bien avant la peinture (que je ne découvris que plus tard, en classe et surtout dans les livres), le cinématographe fut le premier art, la première invention à m'ouvrir l'infini des mondes parallèles. Et bien plus tard encore, quand adolescent je découvris Platon, je compris ce que j'avais perçu, senti sur l'écran des cavernes obscures où les hommes se rassemblaient dans le culte de l'illusion : que cette illusion justement, quand elle est vue, reçue par la ferveur d'une foule enténébrée, est plus vraie que la vérité.

Trains

Les locomotives à vapeur

À Émile Ménard

SIFFLANTES, soufflantes, soupirantes. Anhélantes, ahanantes, haletantes quand elles halaient les lourds convois. Chuintantes et chuchotantes en leurs heures de pause. C'était tout cela une locomotive à vapeur : un concert de sons, de souffles et de sifflements, allant du rauque à l'aigu, toute une gamme d'essoufflements sur la portée des rails. Et c'était cela que j'aimais quand, enfant, il m'arrivait de prendre la grande ligne du PLM (Paris-Lyon-Marseille) où officiaient les grandes vedettes ferroviaires, les *Mountain* et les *Pacific* : cette musique de forge et d'enclume au milieu des vapeurs fusant des essieux et des bielles, comme si d'invisibles titans s'affairaient au cœur des chaudières. Elles paraissaient presque vivantes, ces machines, avec leurs feulements, leur haleine enfiévrée et ces longs cris flûtés poussés lorsqu'elles entraient dans un tunnel ou qu'elles approchaient d'une gare. Je leur trouvais des airs de bêtes à sang chaud, de monstres mécaniques et mammifères dont la température interne dépassait nettement la nôtre (puisqu'elle atteignait 400 degrés), mais qui vivaient de leur vie propre entre le souffle court des grands parcours et l'ample respiration des arrêts.

Les plus anciennes et les plus connues étaient les *Pacific* importées d'abord d'Amérique puis construites en Europe. Ensuite vinrent les *Mountain* et les *Atlantic*. Elles avaient des roues et des bielles énormes, un corps d'acier qui n'en finissait pas, surmonté de bosses et de cheminées, veiné de tuyaux brûlants, et un avant rond et pointu qui fut caréné par la suite. Certaines d'entre elles devinrent de vraies vedettes comme *La Flèche d'or* et *L'Étoile du Nord* qui desservaient Paris-Boulogne et Paris-Bruxelles à 100 kilomètres à l'heure de moyenne. C'étaient des *Pacific* avec un avant profilé et des ailerons pare-fumée qui leur donnaient l'allure d'une fusée sur roues. À côté d'elles, les modèles plus anciens comme les *Mountain 1925* ou *Pacific 231* avec leur fouillis de tuyaux et de tubulures avaient l'air d'un bric-à-brac métallique ou d'une usine inachevée.

Aux États-Unis, les locomotives eurent une histoire plus héroïque et plus mythique encore. C'est que là-bas tout est gigantesque : les paysages à traverser, les distances à parcourir, la taille et le poids des convois. Les premières locomotives américaines furent des monstres sur roues, des chaudières mobiles et sans grâce. Leur ligne s'améliora avec la propulsion diesel qui permit d'affiner la motrice et de supprimer le tender. On vit alors circuler des convois savamment profilés, avec des couleurs vives, traversant les immensités intérieures ou longeant les côtes ouest et est, du nord au sud, sur des milliers de kilomètres. Les compagnies ferroviaires, qui étaient nombreuses, se faisaient une concurrence acharnée et chacune pour bien se distinguer arborait un emblème, voire une mascotte : lynx, cèdre, bouquetin, montagne, étoiles. La liste de leurs noms était une véritable élégie géographique : Chesapeake & Ohio Company, Northern Railway, Seaboard Railroad, Sacramento Northern Company, Nebraska Zephyr Company, Bangor & Arostook Railroad, Pacific Fruit Express Company...

Elles aussi, ces locomotives, ont fait partie longtemps de la mythologie américaine des origines, avec les bisons, les Indiens, les diligences et les cow-boys. On peut en voir certaines dans les musées du rail, toujours parées des noms prestigieux qui les rendirent aussi célèbres que des stars, des noms-nostalgie, des noms-litanie, qu'ont dû connaître et réciter non seulement les voyageurs, mais plus encore les vagabonds du rail : la Burlington Zephyr, la Dixie Flyer, la Milwaukee Roads Hiawathas, la Wabash Canonballs, la El Capitan, la Chieftain, la Atchinson et la Topeke & Santa Fe. Des noms comme des incantations ou comme des exorcismes. Des noms de fauves ou de fées mécaniques. Des noms d'ogresses dévoreuses de distances. Et d'héroïnes de la première mémoire américaine.

Trains

Le TGV

QU'EÛT pensé ou qu'eût dit Zola devant le TGV, ce train qui rend désuètes, obsolètes les locomotives à vapeur ? Quel roman, quelle intrigue, comme celle de *La Bête humaine*, pourrait-il inspirer ? Même des œuvres comme *Le Train bleu* ou *Le Crime de l'Orient-Express* d'Agatha Christie, plus proches de notre temps, n'y trouveraient plus cette atmosphère close, ces compartiments intimes ni cette ambiance de luxe qui engendre et abrite le crime. Le TGV est un train sans passions puisqu'il est sans passé. Les fantômes n'y ont plus leur place. Tout y est clair, transparent. C'est un train fonctionnel, conçu pour que les hommes d'affaires puissent travailler en voyageant. Comme il va vite et que le temps n'y pèse guère, on n'y est pas tenté de se déplacer sans arrêt ou de se promener de long en large en des couloirs inexistants. Et puis, finis, oubliés les chuintements, grincements, tressautements des vieux trains à vapeur ! Le TGV, lui, glisse en sourdine avec le froufrou d'un archet sur une corde basse. La locomotive à vapeur feulait dans le crissement de ses bielles d'acier. Le TGV ronronne, fait patte de velours sur le poli du rail, un rail soudé d'un seul tenant.

Non, plus de frottements ni d'usures inutiles : profils, courbures, cambrures offrent au vent une résistance minimale. Le voyageur ne sent même plus l'existence des roues, les bogies étant situés non sous les voitures comme autrefois mais entre elles, sous leur raccordement. Raccordements qui ne se nomment plus des soufflets, ces classiques de l'articulation ferroviaire, mais des anneaux d'interconnexion. Les trains anciens étaient des mille-pattes articulés. Le TGV est une chenille presque rigide.

Les trains à vapeur, c'est connu, faisaient les délices des bovins. Le TGV lui, fait leur désespoir. À sa vitesse courante – 270 kilomètres à l'heure –, il passe sous leurs yeux en moins de trois secondes. Ce n'est plus un spectacle, mais une épiphanie ! Au cours du trajet, des voix invisibles – mais qui viennent sûrement de la Terre – vous proposent différents services et annoncent aussi les stations. Peut-être un jour parleront-elles des paysages traversés, des villes tout juste effleurées, des provinces juste entr'aperçues, en raconteront-elles les légendes ? Mais je rêve : le TGV est conçu pour les technocrates, les fonctionnaires en déplacement, tous missionnaires laïques et pressés, jamais pour les poètes impénitents. L'imprévu – ou du moins l'incertitude – a disparu des voies ferrées avec les bielles et les escarbilles. Souvenez-vous de ces cheminots qui, autrefois, à chaque arrêt en gare, vérifiaient les freins en frappant les roues avec un marteau ! Voici un bruit ferroviaire aussi désuet désormais que celui des battoirs à linge dans les bateaux-lavoirs. Avec le TGV, plus besoin de contrôles extérieurs. La moindre anomalie est signalée d'emblée au conducteur sur son tableau de bord.

Oui, qu'eût pensé ou qu'eût dit Zola devant le TGV, ce train qui diagnostique lui-même son mal ou son malaise, ce train qui sûrement dialoguera bientôt avec son conducteur ?

Une technopole

JADIS, il y avait des acropoles. Par la suite, il y eut (il y a toujours) des métropoles, des mégapoles et des nécropoles. Et maintenant, il y a des technopoles. C'est la puînée des idées citadines, la dernière invention de l'*Homo urbanus*.

Une métropole est une ville qui s'est affirmée, agrandie peu à peu au point de devenir une « ville mère », voire une mère patrie. Une technopole, c'est le contraire. C'est une ville bâtie dans le cerveau des concepteurs avant de l'être sur le terrain, une ville pensée, préparée, programmée, une ville qui préexiste à ses habitants. De plus, elle est surtout conçue pour travailler et accessoirement pour y vivre. C'est une pépinière de bureaux d'études et de laboratoires, une ruche d'activités multiples mais à caractère plutôt scientifique, technique et prospectif. C'est une toile d'araignée tendue dans le présent pour prendre le futur. C'est aussi un effort pour rationaliser, maîtriser ce qui d'ordinaire se fait ou se défait sous l'impulsion des circonstances et du hasard. C'est une infrastructure agencée pour accueillir ceux qui veulent travailler avec des moyens modernes en leur offrant tous les services nécessaires et imaginables. Dans le processus courant, on construit d'abord sa maison, on y installe ensuite le téléphone (quand c'est possible). Dans une technopole, on installe d'abord le téléphone (en l'occurrence, non seulement le téléphone mais la télématique, l'informatique, etc.) et l'on dit : venez vous établir ici pour profiter de tous ces avantages. C'est pourquoi les technopoles sont édifiées en des lieux vierges ou semi-vierges où l'on peut partir de zéro, calculer et rêver sans entraves.

À Sophia Antipolis, près d'Antibes, où s'est édifiée il y a vingt ans[1] la première technopole de France, les bâtiments sont répartis à l'intérieur d'un parc naturel de 2 500 hectares où chacun est entouré d'arbres et de verdure. Aucun fil, aucun câble, aucun pylône n'apparaissent : tous les réseaux, tous les systèmes sont enterrés. Bien sûr, il y a aussi des centres commerciaux et des lieux de loisirs : deux villages ont été construits, Haut-Sartoux et Garbejaire, provençaux par le style mais dotés des équipements les plus perfectionnés. L'énergie solaire est partout reine, même sur les lampadaires qui éclairent grâce à un capteur individuel. Allées, routes, espaces ont des noms régionaux, poétiques comme la route des Dolines, la route des Lucioles ou la route des Cistes, des noms d'artistes et de savants célèbres. Le grec est à l'honneur, comme dans toutes les villes futuristes : avec Sophia Antipolis, d'abord, Athéna,

1. En 1969. (NdE)

Héraklion, Villantipolis qui désignent des résidences ou Ophira, les Algorithmes qui désignent des ensembles plus vastes. On trouve ici une heureuse alliance entre le respect de la tradition et le souci d'innovation, entre le style provençal des villages « à l'ancienne » et celui, futuriste, des entreprises « à la nouvelle ». D'ailleurs, en regardant le plan d'ensemble, on découvre sur le site de singulières toponymies : Sease et Certiam y côtoient Athéna ; Thomson Cintra et Dow Corning encadrent Ophira ; Uniflockage et Optica jouxtent le Haut-Sartoux. C'est là la vocation cosmopolite des technopoles : toutes les langues, y compris les langages artificiels, y sont parlées ou y ont cours. Les technopoles sont des Babel réussies où la diversité des langues unit au lieu de diviser. À Sophia Antipolis, le provençal côtoie sans drame et sans friction l'anglais, l'allemand, le japonais.

Voilà pourquoi, lorsque l'on se promène au cœur d'une technopole, il faut garder un cœur alerte pour enjamber les siècles sans dommage. Voilà pourquoi il ne faut s'étonner de rien et surtout pas, au détour d'une allée boisée, de rencontrer une blonde Ariane en un lieu solitaire près d'un panneau portant écrit : CEMCEE. Comme mes yeux l'interrogeaient : « C'est le Centre européen de montage de circuits pour circulation extracorporelle », me dit-elle d'un ton naturel. Comment n'y avais-je pas pensé ! Le futur, ici, se découvre au détour de chaque allée, de chaque bosquet. Il n'est pas un monstre hybride comme le Minotaure, encore moins une Chimère.

Il n'est pas à redouter, à affronter mais seulement à apprivoiser.

Voilà. Grâce à Ariane, je sais enfin ce qu'est une technopole : une ville où l'on apprivoise le futur.

Balayages

À Dominique Simonnet

Avez-vous jamais vu *de près* des otolithes dans des organes vestibulaires, les glandes pyloriques de la muqueuse gastrique, l'intérieur d'un canal sudoral, les villosités de l'intestin grêle ou les cellules ciliées de la trompe de Fallope ? Avez-vous jamais vu ces paysages inouïs qui dorment ou veillent en nos entrailles, paysages jamais soupçonnés et que nous révèle aujourd'hui le microscope à balayage électronique ? Car c'est de ces balayages qu'il s'agit, non de ceux des sorcières ou des ménagères. Du balayage des faisceaux du microscope électronique prospectant la nuit de nos corps. Son pouvoir grossissant est sans commune mesure avec celui des microscopes optiques. Il peut aller jusqu'à 20 000 et, à cette échelle, le moindre détail apparaît comme un continent. Globules, cellules, dendrites et lymphocytes deviennent nettement visibles et même le cœur des noyaux cellulaires. Le microscope électronique dévoile notre intériorité la plus intime, celle sur laquelle jusqu'à ce jour nous n'avions pu ni su porter les yeux : nos propres gènes.

Ces paysages, je ne me lasse pas de les contempler. À quelques détails près, je sais qu'ils sont ceux qui m'habitent, que je cache depuis ma naissance en moi-même. Savez-vous que chacun de nous a en lui des gouffres, des montagnes, des falaises érodées, des mers d'algues et de cils ondulant sous des flots de mucus, des valves, des portiques, des replis gigantesques et des centaines de milliers de pastilles concaves – les globules rouges –, et des monstres amorphes et gluants, dévoreurs de bactéries, les globules blancs ?

Je regarde ces paysages, reproduits dans un ouvrage scientifique, et je m'extasie : aucun miroir jusqu'à ce jour ne nous a renvoyé une telle image de nous-mêmes ! Jamais nous n'avions pu voir ces détails de notre architecture interne (il suffit d'un coup d'œil sur un fragment de tissu osseux vertébral pour se sentir brusquement fait de poussière de verre et près de s'effriter), contempler les couloirs, les cavités de notre cœur, les broussailles de notre rétine, les alcôves de nos poumons.

En ce moment, me voici au cœur le plus intime de la femme, en un lieu que n'a jamais pu voir et encore moins imaginer le plus visionnaire des poètes amoureux (ou le plus amoureux des poètes visionnaires), je suis sur la face interne de la trompe de Fallope d'une femme adulte, je ne suis pas plus gros qu'un spermatozoïde, et que voit un spermatozoïde quand il pénètre dans la région précise où je me trouve ? Il découvre un paysage sous-marin, une prairie d'algues ondulant doucement sous la houle du mucus, il voit un épithélium bosselé, des masses ciliées et même chevelues. Oui, il voit des paquets de cils comme des filets de pêche entassés çà et là. Et j'avance, ébloui, subjugué, dans la lumière bleutée de ce lagon d'amour, ou plutôt j'essaie d'avancer à contresens du courant provoqué par l'ondulation constante de ces cils, aussi sensibles, opalescents, que de fins tentacules d'actinies ou d'anémones de mer. Des cils jamais chantés jusqu'à ce jour, même par le plus visionnaire des poètes amoureux (ou le plus amoureux des poètes visionnaires), et que moi je chante aujourd'hui pour la première fois, tant m'émeuvent et me troublent leurs lentes et leurs lascives ondulations !

Avec le microscope électronique, un simple pore devient une grotte aux tubérosités sidérantes, garnies de micro-organismes et de bactéries toutes vertes, lovées dans les sillons comme des balles de tennis, le tout sur fond nocturne de canal sudoral. Étrange aussi, inoubliable la vision de la muqueuse gastrique agrandie 500 fois, paysage tourmenté, strié, ponctué de cratères comme une surface lunaire, de nœuds, de cordes lovées sur elles-mêmes, d'aspérités spongieuses. Grossie 3 000 fois, la glande pylorique devient un atoll géant avec son bourrelet circulaire entourant un lagon de mucus. Et plus étrange encore si c'est possible, le spectacle des villosités de l'intestin grêle, agrandies 1 000 fois, canyon parcouru de vaisseaux lymphatiques sillonnant les parois dressées comme des falaises et plongeant sur les abîmes interstitiels où circule le liquide nourricier...

À présent, je me glisse à l'intérieur d'une oreille, au pied du labyrinthe osseux, au niveau des cellules réceptrices, où aboutit la branche vestibulaire du nerf auditif. Les deux sacs membraneux de l'oreille interne contiennent des cellules réceptrices couvertes de cils gélatineux. Et que contient cette gélatine ? De très fins cristaux de calcium nommés des otolithes (des « pierres d'oreille ») qui suivent tous nos mouvements de tête ! Eh bien, ces cristaux cachés dans une masse gélatineuse enrobant les cils des cellules réceptrices du succule et de l'utricule de l'oreille interne, ces otolithes en un mot, le microscope électronique arrive à les débusquer, menhirs finement affûtés et fichés sur la paroi spongieuse de la membrane !

Mais rien ne vaut à mon sens le spectacle d'un neurone étendant son réseau de fibres ! Pieuvre, hydre ou simplement filet ou câble sous-marin comme ceux courant au fond des fosses atlantiques. Ici dans l'écheveau complexe des synapses se joue l'information du corps et du cerveau, en ces fibres, par ces fibres sillonnant notre océan interne pour faire communiquer ses multiples rivages. À l'échelle d'un tel grossissement, permettant de voir si distinctement un neurone, un homme aurait 35 kilomètres de haut !

Et puis avez-vous jamais vu une cellule nerveuse du cervelet, un épithélium respiratoire cilié, un lymphocyte phagocytant des bactéries ? Avez-vous jamais voyagé dans les cratères lunaires et les fonds sous-marins qui peuplent votre corps, visité les sites, admiré les panoramas de votre intimité géante ? Panoramas insoupçonnés jusqu'au jour où les révéla le microscope à balayage électronique. Depuis et grâce à lui, nous pouvons nous pencher, fascinés, sur les abîmes de notre chair, sur nos visages les plus secrets, Narcisses des nouveaux miroirs de notre corps.

Éoliennes

PENDANT des siècles, dans nos paysages, on vit des moulins à vent. Puis vint le temps des éoliennes et maintenant celui des aérogénérateurs. Les grandes ailes en toile ou en bois sont devenues des pales en alliage d'aluminium ou en carbone-kevlar, et la tour en pierre abritant la meule – et souvent aussi le meunier – un treillis métallique ou un pylône autoporteur. Les maisons du vent y ont perdu en poésie mais gagné en efficacité. Il ne s'agit plus aujourd'hui de jouer à cache-cache ou à colin-maillard avec Éole mais d'utiliser rationnellement, scientifiquement, la force inouïe mais instable du vent. Car on sait bien que le vent est fantasque. Il peut être brise ou bourrasque, doux, déchaîné, faible, fougueux, impétueux, tempétueux. Girouettes, panémones et anémomètres en savent quelque chose.

Pendant longtemps les éoliennes furent à usage purement domestique et donc de petite dimension. On les installait, dans les prés ou à l'abord des fermes, pour pomper l'eau dans le sous-sol et alimenter auges et abreuvoirs. On peut en voir encore beaucoup ici et là, simples pylônes en fer surmontés d'une rosace aux pétales métalliques. D'autres, édifiées par d'ambitieux particuliers, atteignent parfois des dimensions impressionnantes avec leur axe immense où s'enroule un escalier en colimaçon et leur grande roue à aubes fixes. La plupart sont rouillées aujourd'hui et inutilisées. Ainsi arrêtées, elles évoquent la grande roue d'une fête foraine interrompue ou encore une noria aérienne, dressée pour puiser le vent dans le ciel.

Si, aujourd'hui, on remarque peu d'éoliennes dans nos paysages, c'est qu'elles sont devenues des machines de haute technicité dont le but n'est plus de moudre des grains (et de servir d'abri aux ébats du meunier) mais de puiser l'eau du sous-sol, de chauffer des serres et des maisons et même de produire simplement de l'électricité. Elles sont ce qu'on nomme maintenant des aérogénérateurs. On les construit en des lieux choisis avec soin, des lieux où le régime des vents (curieusement dénommé gisement éolien) est le plus favorable, en général sur des hauteurs. Le principe en paraît fort simple : le vent fait tourner les pales qui, par leur rotation, fournissent de l'énergie. Il suffit de convertir cette énergie en électricité. Mais rien n'est simple avec le vent. Il change souvent d'humeur et le rendement d'une éolienne est fatalement intermittent. Il faut aussi se méfier des bourrasques et des tempêtes qui risquent d'affoler l'hélice et de briser l'ensemble. Non, rien n'est simple avec le vent ! La preuve, c'est qu'il existe, selon les lieux et les gisements, maints modèles d'éoliennes, d'après l'usage que l'on veut en faire : éoliennes à axe horizontal, à axe vertical et, parmi ces dernières, éoliennes à traînée différentielle ou à portance, et, parmi ces dernières encore, éoliennes à aubes fixes, à aubes mobiles, à géométrie variable et à pales orientables. C'est tout un monde mécanisé qui se dresse ainsi pour capter la force du vent, un monde d'hélices, de nacelles, de convertisseurs d'énergie, de pylônes. L'homme n'a plus guère de place en ces massives armatures dont certaines atteignent 80 mètres de haut avec des pales de 30 mètres de long.

Pourtant, malgré leur aérodynamisme, leurs matériaux, leur conception ultra-moderne, elles sont bien plus fragiles que les anciens moulins à vent. Ces derniers ont abouti à une perfection, à une longévité inégalées. Le moulin de Hondschoote, par exemple, et son voisin, celui du cloître de Rexpoede, construits l'un en 1127 et l'autre en 1101, fonctionnaient toujours à la Seconde Guerre mondiale ! Ce n'est pas le cas de toutes les éoliennes modernes dont plusieurs s'écroulèrent sous la tempête, comme celle des îles de La Madeleine au Québec, une éolienne à axe vertical, avec des pales de 24 mètres de long, l'une des plus grandes du monde. Quand on pense à la résistance et à la longévité des moulins en bois, son écroulement, après une seule année de fonctionnement, a quelque chose de dramatique. Pour pouvoir y effectuer différents travaux, « l'éolienne fut découplée une nuit de son frein mécanique. À la suite du démarrage spontané de l'éolienne durant cette nuit, les volets aérodynamiques de freinage se sont bloqués soudainement en position fermée après quelques heures de fonctionnement. Les volets étant fermés, l'éolienne s'emballa jusqu'à un régime de 60 à 70 tours-minute selon la vitesse du vent, une rafale fit augmenter le régime à 74 tours-minute et l'éolienne atteignit alors son point de résonance mécanique. Un premier hauban toucha les pales et cassa. Les trois autres haubans s'enroulèrent autour de l'éolienne qui s'écroula ». Elle mourut donc des suites d'une résonance mécanique, ce qui ne se produisait jamais, on s'en doute, avec les vieux moulins en bois. Pourtant, j'en suis certain, l'avenir est aux éoliennes. Elles sont faciles à implanter, ne nécessitent aucune infrastructure particulière, ne polluent pas et ne font aucun bruit. Elles sont idéales pour avoir du courant dans des lieux isolés, pour l'éclairage des phares, le dessalement de l'eau de mer, la production d'électricité en petites quantités. Au point que certains envisagent d'édifier en France, en des endroits bien ventés, des *windfarms* comme aux États-Unis, c'est-à-dire des « fermes de vent », constituées par des dizaines de petites éoliennes produisant de l'électricité, comme ailleurs on produit du maïs, du blé, de la viande ou du lait. L'immense avantage de ces fermes, c'est qu'elles produisent de l'énergie sans le moindre déchet. Comme les capteurs solaires. Les éoliennes sont aux centrales thermiques ce que les dirigeables sont au jet : des machines sans nuisance, discrètes et silencieuses. Ce sont des fleurs géantes pratiquant non la photosynthèse comme les plantes mais l'éolosynthèse, tirant leur vie de la vigueur du vent. Au fond, j'ai compris seulement à présent ce que sont les éoliennes de notre temps : des abeilles mécaniques qui butinent le vent et distillent une énergie qu'on nomme douce. Comme le miel.

Inventaire des armes et des cycles

COMME beaucoup d'enfants de mon âge, j'ai grandi à Saint-Étienne dans la manufacture française d'armes et cycles et plus précisément dans les pages de son catalogue. J'y préférais nettement les cycles, ne m'étant jamais senti la moindre attirance pour les armes. Aussi, passais-je rapidement les pages sur les marques de fusils, sur la carabine Populaire ou, pis encore, l'Idéal Canardier ou la canardière Buffalo-Mitraille. Seules, dans ces pages, les gravures représentant la chasse aux fauves me retenaient par leur exotisme et parce que au moins ici tigres et rhinocéros avaient leur chance. À la chasse et au tir, je préférais donc nettement les cycles, les sports, les jeux et les voyages. On y trouvait exposé, expliqué, illustré et chiffré tout ce qu'un adolescent pouvait tout naturellement désirer : une bicyclette Hirondelle, une tente canadienne, des trains électriques, des moteurs « scientifiques » à vapeur, des boîtes de Meccano, des montgolfières en parchemin multicolore, des canoës pliants et des malles modèle « paquebot » extraplates, en contreplaqué extrafort recouvert de cuir havane et cerclées de lattes en bois dur.

Tout cela permettait de voyager sur place de page en page. Je m'amusais souvent à inventer des récits de voyage, mais en m'astreignant à respecter exactement l'ordre des rubriques et des articles proposés. Le rêve fournissait la trame, les pages du catalogue la chaîne et l'enchaînement. Ainsi, à partir des pages 218 à 221 du catalogue de l'année 1936, j'avais inventé un voyage complet à travers : « réchauds de camping, éclairage de camping, articles pour le grand camping, cuvettes, seaux et baignoires de camping, articles d'hygiène pour campeurs ». On peut sûrement jouer à ce jeu avec bien d'autres catalogues mais celui de la MFAC (pour abréger) était si riche, si complet, si précis et si détaillé qu'il constituait à lui seul une encyclopédie pour tous les âges. Il y avait là, rassemblé en quelques centaines de pages, tout ce que l'humanité avait désiré obtenir et aussi tout ce qu'un enfant de mon âge pouvait découvrir, à travers l'ingéniosité des adultes. C'était un inventaire du réel et des rêves familiaux d'une certaine société française d'avant-guerre, mais aussi un guide pratique grâce aux notices détaillées fixant précisément le prix du rêve.

Encyclopédie, guide, inventaire, le catalogue était tout cela à la fois mais aussi un manuel, voire un quasi-bréviaire de nos travaux, de nos jours, de nos jeux. Des vignettes en noir et blanc – et aussi quelques pages en couleurs – illustraient par des scènes de la vie familiale ou professionnelle l'usage qu'on pouvait faire de tel ou tel objet, les services qu'il pouvait rendre. Ces vignettes m'amusaient beaucoup mais elles finirent par m'agacer le jour où je compris vraiment leur sens. Car ce qu'elles représentaient, sous leur apparente innocence, c'était ni plus ni moins les scènes de ma vie future si d'aventure, une fois adulte, je succombais aux tentations du catalogue. Mon avenir était aussi visible en ces pages que dans la boule d'une voyante. De fait, par l'entremise de ces vignettes, je me voyais donc à la chasse (rentrant le soir, fourbu, au long d'un chemin forestier, le carnier garni de faisans), à la pêche au brochet (sur une barque en hiver au milieu d'un étang avec, à mes côtés, un compagnon frigorifié), en camping (en train de dresser ma tente canadienne à l'orée d'une forêt sous le regard ironique d'une fille en short – ma fiancée ?), au bureau (en train de dicter une lettre à une dactylo aux cheveux blonds, courts et frisés, tapant sur une machine Typo n° 2 à ruban bicolore), seul dans mon confortable salon (lisant un journal un jour brûlant d'été près d'une fenêtre aux stores baissés et d'un ventilateur en marche), dans ma salle de bains (me rasant avec soin au-dessus d'un lavabo comportant tout un assortiment d'articles de toilette tandis que derrière moi, visibles dans l'ouverture d'un paravent flexible en lamelles articulées, une femme en combinaison – ma femme ? – aide un petit enfant – mon fils ? – à s'habiller), à la plage ou en quelque jardin (bavardant sous un grand parasol avec une femme brune – déjà une autre femme ? –, assis tous deux sur des chaises en rotin d'excellente qualité et très avantageuses), et enfin en vacances où, muni d'un appareil de prises de vues Pathé-Baby, je filme deux jeunes filles jouant au ballon au bord de la mer (des vacancières sans doute, ou aurais-je vieilli si vite qu'en plus d'un fils j'aurais déjà deux grandes filles ?). Oui, la vie qui m'aurait guetté si...

Il ne faut jamais s'amuser avec les catalogues. Ils ont l'air innocents, vous invitent candidement à consulter leurs pages et à vous renseigner « sans engagement aucun de votre part » et ils engagent toute votre vie à votre insu. J'ai bien failli y succomber moi-même, me jeter dans un avenir entièrement manufacturé. Aujourd'hui, feuilletant avec amusement ces pages de l'année 1936, je peux y voir, rubrique après rubrique, la vie que je n'ai pas vécue.

Donc – et peut-être par le fait des vignettes en question –, jamais je ne suis rentré le soir de la chasse avec un carnier garni de faisans, jamais je ne me suis rasé derrière un paravent flexible à lamelles articulées, jamais non plus je n'ai dicté de lettres à une dactylo aux cheveux blonds et jamais je n'ai filmé au bord de la mer, avec un appareil Pathé-Baby que je n'ai jamais possédé, des jeunes filles que je n'ai jamais rencontrées.

Vingt-cinq ans au moins avant celui du poète Jacques Prévert, le Catalogue (la majuscule désignant fatalement celui de la MFAC) a dressé lui aussi son inventaire des objets sages et objets fous de notre temps. Catalogue d'armes et cycles, porte-t-il sur sa couverture, mais il eût pu tout aussi bien porter Catalogue des jeux et voyages, des vrilles et forets, des placards et buffets, des peignes et fixe-moustaches, des grattoirs et pupitres et, plus évocateurs encore, des araignées et mouches anglaises, à deux ou quatre ailes, autrement dit des appâts artificiels pour pêcheurs.

Aujourd'hui, avec le recul des années, le seul titre qui lui convienne serait : *Catalogue des appâts artificiels de l'avant-guerre*. Car de l'A d'Abattage des animaux (matériel pour l') au Z de Zinnia (graines de), il couvre tout l'alphabet des travaux, des jeux et des désirs. Annuaire, bréviaire, dictionnaire, inventaire, répertoire du réel et des rêves des années trente, il fut aussi, par la place prémonitoire qu'il accordait au camping, au tourisme, au jardinage, au bricolage, le premier et profane évangile de la civilisation des loisirs.

Le cambouis

IL est partout : sur les essieux, les axes, les pistons, les écrous, les vis, les bielles, les cardans des automobiles. Il noircit les moteurs, les mains du garagiste et les murs du garage. Mais qu'est-ce au fond que le cambouis ? C'est une trace grasse, un rejet des rouages, une sueur, un suint des articulations, le noir mucus que tout moteur suscite et sécrète en son sein. Les gaz peuvent toujours s'échapper d'un moteur alors que le cambouis, concrétion des cylindres, n'a lui, aucune issue. Il lui faut demeurer au vif des organes, comme une scorie, un sédiment, l'halitueux dépôt des huiles, déchet et défécation des culasses.

Pourtant, c'est grâce à lui que le moteur devient métal vivant, corps qui pompe, aspire, absorbe et expire, rejette son sang coagulé, exsudat de ses combustions. Sa consistance, sa couleur évoquent celles d'une lave refroidie, d'une sorte de magma vomi par la mécanique des entrailles.

Mais surtout, le cambouis a une odeur à lui, que nul jamais ne put connaître avant l'invention des moteurs à essence, un remugle de graisse acide, de goudron froid. Enfant, j'adorais fourrer ma tête sous le capot quand mon père réparait sa voiture pour humer cette senteur si particulière, cette senteur fermentée des voyages. Car l'odeur du cambouis m'évoquait les départs en vacances, les routes, l'asphalte chaud, comme celle du goudron peut évoquer la mer, les bateaux fraîchement calfatés. C'était aussi l'odeur des voitures au repos, des haltes au garage, des voyages à l'arrêt. Graisse acide, goudron froid et terreau fermenté, senteurs âcres de notre siècle. Au temps des diligences et des chevaux, cette odeur était celle du crottin. Au temps des voitures à essence, elle est celle du cambouis, ce crottin des chevaux-vapeur.

Plongées

À J.-Y. Cousteau

PENDANT des siècles, on s'est contenté de nager, de frôler l'eau en sa surface, de s'y étendre et d'y flotter. Rares, les nageurs qui avaient la curiosité d'aller voir en dessous, de plonger et d'ouvrir les yeux dans le glauque infini, à part ceux qui devaient en vivre : pêcheurs de perles, d'éponges et de coraux. Mais même ceux-là, pressés, si je puis dire, par la pression et par le temps, n'avaient guère le loisir d'observer et d'admirer le fond des mers. Oui, rares furent pendant des siècles ceux qui s'aventurèrent, ne fût-ce que de quelques mètres, sous la surface de la mer.

Le monde qui commence sous la vivante nappe, le miroitant métal de la surface (car c'est ainsi qu'elle apparaît quand on la voit d'en bas), ce monde si proche du nôtre n'a été vraiment découvert, parcouru, exploré que depuis la Seconde Guerre mondiale, grâce à une invention simple et magique : un masque en caoutchouc qui adhère au visage et un simple tube recourbé muni d'un embout pour la bouche permettant de respirer tout en gardant la tête sous l'eau.

Une simple peau, une simple membrane à franchir : la surface et, aussitôt, le silence et le bleu des fonds. Un silence inattendu, inquiétant au début, qui ne cesse qu'en se rapprochant du rivage en eaux basses, où la houle entrechoque les galets en une suite de sons ténus, cristallins comme du verre qu'on émiette ou comme les cris d'amour, l'été, des musaraignes. Sous l'eau, ce ne sont pas seulement les oreilles mais le corps tout entier qui entend et perçoit. C'est le corps qui ressent les vibrations et les frissons de l'onde, devenu si léger, si nouveau qu'il peut glisser, onduler, ambuler avec des gestes lents de somnambule. Sous l'eau, tout devient onirique, les mouvements, les formes, les couleurs, la lumière, tout devient déformé, grossi, la taille des êtres et des objets, les distances et les proportions. Le temps lui-même se modifie, la vie apparaît ralentie au cœur de ces fluidités, densités, gravités nouvelles. Il faut alors apprendre à se glisser, à s'enfoncer dans l'eau, à y nager, à se maintenir immobile, apprendre à devenir (ou redevenir) amphibie, car même au plus profond des eaux nous conservons la mémoire et les habitudes de la terre.

Une fois initié, il reste à découvrir les splendeurs surréalistes de ce monde car ici les frontières habituelles s'effacent entre les règnes, le végétal et l'animal se mêlent, se confondent en de folles symbioses. Il suffit de franchir quelques mètres pour se trouver au cœur d'un continent immémorial et neuf, pouvoir caresser sur les rochers la boursouflure vivante des éponges, admirer le peigne orangé des gorgones, parcourir en un lent survol, ondulantes, indolentes, les prairies de posidonia. Pendant des années, j'ai contemplé ces pierres vivantes, ces clairières animales, frôlé le crêt de quelque écueil avant de surplomber soudain l'infini bleu où se perdent les tentacules irisés du soleil. Parfois, des ombres vagues traversent ces abîmes, ou des milliers de minuscules poissons, défilant dans le bleu des fonds comme des infanteries lumineuses. Qu'auraient dit, qu'auraient pensé Anaxagore et Parménide de ces pénombres bleues et de ce ciel liquide s'ils avaient pu les voir ? Quels mots auraient-ils trouvés, inventés, pour décrire les formes, les couleurs, les densités si singulières de ce monde ? On s'aperçoit alors combien notre vocabulaire est un vocabulaire terrien qui ne connaît, qui ne peut dire que la surface de la mer. Nos mots sont solides et solaires alors qu'il faudrait, pour rendre compte des paysages sous-marins, des mots liquides et lunaires capables de décrire le glauque intense des zones littorales, le vertige liquoreux de l'abîme.

C'est William Beebe, un zoologue et océanographe de génie, qui m'initia aux merveilles sous-marines quand, vers l'âge de quinze ans, je découvris son livre *Sous la mer tropicale*, récit de ses plongées au large d'Haïti. À l'époque, en ces années 1935, on ignorait le masque et le respirateur et Beebe descendait sous l'eau nanti d'un casque en verre alimenté en air par un tuyau, comme un scaphandrier. Ses déplacements étaient donc limités mais le monde qu'il découvrit et décrivit ainsi suffisait amplement à mes rêves :

« ... Vos pieds reposent maintenant sur le sol et vous avancez lentement sur le sable le plus blanc qu'on puisse rêver. Une plume de mer, aussi belle, aussi grande qu'une plume d'autruche, vous frôle de sa douceur. À son violet magnifique, on pourrait la prendre pour une étrange fougère tombée de la planète Mars. Vous vous asseyez doucement sur un monticule de sable tandis qu'autour de vous décampent, effrayés, des crabes couleur de sable et des petits poissons. Adossé à du marbre découpé d'une admirable pureté, vous vous accoudez à une table arrondie de lapis-lazuli sur laquelle s'épanouissent trois fleurs, des fleurs qui n'ont rien de terrestre et se penchent vers vous de leur propre mouvement. Leurs pétales resplendissent des teintes de l'or et de la malachite, avec les cannelures et les franges de quelque orchidée inconnue. Vous tendez la main pour en cueillir une mais, plus prestes que votre regard, toutes les trois ont déjà disparu sous le manteau de velours azuré d'où elles semblaient sortir. »

Ces lectures valaient bien celles des contes de fées ou des romans d'anticipation. Le jour où je découvris ces pages de William Beebe, je sus qu'un jour j'irais moi aussi admirer ces merveilles. Je n'imaginais pas alors que je pourrais nager sans casque et sans tuyau, muni d'un simple masque et aussi libre qu'un poisson. En tout cas, des années plus tard, j'ai suivi à la lettre la recommandation pressante de l'auteur à la fin de son livre : « Avant de mourir, arrangez-vous pour emprunter, voler, acheter ou fabriquer un appareil quelconque qui vous permettra de jeter par vous-même un coup d'œil sur ce monde nouveau. Les livres, les aquariums et les bateaux à fond de verre ont, par rapport à ce contact direct, la valeur d'un indicateur par rapport au voyage. Ils en sont aussi loin que le morceau de corail ornant l'étagère d'un salon peut l'être de ce royaume splendide, insoupçonné de la vie et de la couleur qui en ce moment même et à côté de nous existe sur notre commune planète. »

J'ai donc suivi les recommandations de William Beebe et c'est ainsi que des années durant j'ai nagé, flâné, rêvé sous la surface des eaux grecques, plongé et replongé à la recherche des coraux et des coquillages, des tests d'oursins, des spatangues, si délicatement ouvragés mais si fragiles que beaucoup se brisaient dans mes mains avant que je regagne la surface. Oui, ainsi, des années durant, j'ai parcouru la Grèce néritique, si peu connue des hellénistes, celle où le temps d'un plongeon notre histoire humaine s'abolit dans l'anonymat des poissons.

Avions

Les aéroplanes à hélice

MON enfance, je ne l'ai pas passée dans des musées à contempler des statues grecques mais sur un terrain d'aviation, à Saran, dans la banlieue nord d'Orléans. C'était un vaste champ que les fleurs recouvraient au printemps et que seule la présence de deux hangars métalliques, d'une manche à air et d'une pompe à essence différenciait d'un champ normal. À la belle saison, mon père m'y emmenait chaque jeudi pour jouer avec la fille et le fils du gardien et dès mon arrivée notre premier soin était de courir vers les hangars pour nous y glisser en cachette.

Première impression, premier saisissement : l'odeur. Le hangar abritait trois avions de tourisme, des biplans Luciole de la marque Caudron. À l'exception du capot moteur, ils étaient entièrement en bois et en toile, une toile soigneusement vernie pour la rigidifier et la protéger des intempéries. C'est cela qui frappait dès l'entrée, cette odeur qui a totalement déserté les aérodromes d'aujourd'hui (remplacée par celle du kérosène) mais qui fut longtemps pour moi inséparable des avions. Dans la pénombre du hangar, il ne nous restait plus qu'à grimper chacun dans un aéroplane, à nous installer au poste de pilotage, à donner nos ordres au mécanicien fantôme censé préparer l'hélice et la mettre en prise et quand tout était « prêt-paré » à tirer sur le manche à balai en imitant le bruit du décollage et à survoler l'Oural, le Sahara ou l'Atlantique. Comme le faisaient les pilotes dont chaque jour les journaux nous contaient les exploits : Nungesser et Coli, Codos et Rossi, Costes et Bellonte. Ils étaient toujours deux pour accomplir ces raids insensés dans des avions qui décollaient bourrés de carburant, véritables citernes volantes et partaient battre des records d'endurance en circuit fermé ou de distance en ligne droite pour se poser à court d'essence, au cœur du désert de Gobi ou de la taïga sibérienne quand ce n'était pas dans les toundras du Kamtchatka. Des semaines plus tard, on voyait les pilotes revenir, toujours coiffés de leur éternel casque et vêtus d'une combinaison en cuir leur donnant un air d'amphibiens dodus mais qui étaient pour nous (détenteurs du record mondial de vol dans un hangar) la parure et l'armure évidentes des héros. Au lycée, en lisant l'*Iliade*, je voyais Achille, Ajax, Hector se battre dans des armures étincelantes mais elles avaient pour moi moins d'éclat que le cuir usagé de ces combinaisons. Les vrais héros de mon enfance, ce ne furent pas les guerriers grecs mais ces pilotes qui revenaient souriants du bout du monde et côtoyaient les arcs-en-ciel dans des avions multicolores. Par exemple, sur le flanc de leur Breguet spécial, Nungesser et Coli avaient inscrit la liste de leurs records de distance, depuis Paris jusqu'à des lieux aux noms quasi imprononçables : PARIS-DJASK 5 396 kilomètres sans escale, PARIS-OMSK 4 715 kilomètres sans escale, PARIS-TAGILSK 4 640 kilomètres sans escale.

Le record de l'époque était celui de Costes et de Bellonte qui avaient relié sans escale Paris à Tsitsikar en Mongolie soit 7 905 kilomètres. C'est ainsi, grâce à l'aviation, que j'appris la géographie mongole et sibérienne.

Après l'odeur du vernis venaient celles de l'huile et de l'essence. Vernis, essence et huile, voilà la trinité qui disait voyage, vol et avion, l'odeur triple et forte de l'évasion. Car avant de partir et tenter de grands raids (et longtemps mon rêve d'enfant et même d'adolescent fut de devenir aviateur comme Mermoz), il fallait passer des semaines, des mois à faire de la mécanique, à monter, démonter des moteurs. C'est pour cela que les aviateurs partaient toujours à deux : il y avait le pilote et le mécanicien. Et c'est aussi pourquoi la plupart des marques et des sociétés d'aviation portaient des doubles noms comme Morane-Saulnier, Nieuport-Delage, Gnome et Rhone, Gourdou-Leseurre : celui du financier et celui du mécanicien (ou de l'ingénieur) auteur du prototype. Ainsi fut résolu pour moi – le jour où un pilote me l'expliqua – le mystère de ces doubles noms qui me firent longtemps penser que pour avoir un avenir dans l'aviation il fallait être deux comme l'étaient Erckmann et Chatrian ou Jérôme et Jean Tharaud en littérature.

Aujourd'hui, les compagnies de navigation aérienne donnent à leurs appareils des noms de province ou d'aviateurs célèbres. Autrefois, on leur donnait plutôt des noms d'oiseaux ou d'insectes : Caudron Luciole, Phalène et Superphalène, Aiglon, Goéland, Pélican (il y avait même un Farman qui se nommait Jabiru), ou des noms de vent : Caudron Simoun, Rafale, Typhon. Mais le nom le plus célèbre qui fit alors le tour du monde fut celui du *Point d'interrogation*, un Breguet rouge comme une écrevisse qui battit en son temps tous les records de distance et fut, avec Costes et Bellonte, le premier avion à franchir l'Atlantique dans le sens est-ouest.

Je me souviens de cette soirée, de cette nuit de septembre 1930 où tous les Français, chez eux ou sur les places publiques, restèrent rivés aux haut-parleurs ou à la TSF pour attendre (et entendre) la voix de Costes et de Bellonte parvenus sains et saufs à New York après un vol de trente-sept heures sans escale. Cet exploit n'était pas seulement la première traversée de l'Atlantique de l'Europe vers les États-Unis (Lindbergh l'avait traversé trois ans plus tôt à bord du *Spirit of Saint Louis* mais dans le sens contraire, plus court car plus aisé en raison des courants aériens), mais aussi la première liaison radio-téléphonique publique entre l'Amérique et l'Europe. À Paris, la place de la Concorde était noire de monde et comme le raconte alors André Castelot qui en fut le témoin : « Le fait que l'avion ait été aperçu à 250 kilomètres de New York à 22 h 30 ne suffit pas pour calmer nos inquiétudes. Les minutes s'écoulent, lentes. La place de la Concorde est noire de monde. Un peu avant 23 h 30 les haut-parleurs crachotent. Tout se tait : une voix nasillarde annonce que le contact est établi avec New York. Un immense silence plane. On oblige quelques voitures récalcitrantes à arrêter leur moteur. Et soudain, l'angoisse qui nous étreignait encore nous quitte. Costes et Bellonte arrivent ! Le speaker dont la voix nous parvient de 5 000 kilomètres nous l'annonce. Ils ont vaincu l'Océan ! »

Ce souvenir n'a été dépassé (mais pas occulté) que par une autre nuit, celle du 21 juillet 1969, où les cosmonautes américains atterrirent sur la Lune et où, là aussi, on assista à la première liaison radio publique avec la Lune. Mais avec le vaisseau *Apollo* et le *Lunar Module,* il ne s'agit plus d'avions, d'aéronavigation, de formations nuageuses au-dessus de Terre-Neuve mais de fusée, de vide et d'aventure spatiale. Et il s'agit encore moins d'odeurs d'essence et de vernis, de carlingues et d'ailes entoilées. En un siècle, le vol humain est passé de l'*Éole* de Clément Ader à la navette spatiale américaine. Je suis heureux d'avoir grandi à mi-chemin de ces deux envols et d'avoir connu, tout enfant, l'époque où les avions avaient des noms d'oiseaux, des ailes en toile et des hélices en bois, l'époque où l'on pouvait encore jouer au pilote dans les hangars et où le ciel, le ciel tout entier, avait une odeur de vernis.

Avions

Le Concorde

DÉGUSTER un turbot sauce airelle à 2 300 km/heure et à 16 000 mètres d'altitude, voilà un plaisir – en tout cas une possibilité – que n'envisagèrent jamais Baudelaire ni Balzac. Apollinaire, qui a écrit un bel hommage à Clément Ader, et Jean Cocteau qui fit de même pour Louis Blériot auraient sûrement apprécié la chose mais, dégustant le turbot dans les circonstances susdites, je me demandais ce qu'en auraient pensé les poètes du siècle dernier. Voler avec les appareils d'avant-guerre comme le Caudron Luciole ou le *Pou du ciel* – cette avionnette née au moment du Front populaire pour offrir et pour ouvrir le ciel à tous – était plus proche du rêve d'Icare que voler en Concorde. Par sa forme, sa conception, ses performances, ce dernier figure déjà l'étape intermédiaire entre l'avion et la fusée. C'est un étroit et long cigare percé de minuscules hublots et nanti d'une aile delta qu'eût appréciée Pascal car elle est un chef-d'œuvre de finesse et de géométrie.

C'est qu'elle doit réunir et résumer des qualités contradictoires : être à la fois fine et robuste, avoir un faible allongement et un maximum de portance. Les simulations sur ordinateur ont abouti à celle du Concorde dont la flèche est un peu différente des ailes delta classiques : cette variante a pour nom aile néogothique et c'est bien là l'unique point commun entre un Concorde et une cathédrale. L'allongement, la flèche et la portance de l'aile expliquent que le Concorde soit le seul avion gros porteur qui atterrisse aussi cabré qu'au décollage, pour profiter du coussin d'air formé par sa voiture.

Flamant géant, immaculé, au bec mobile quand il décolle et quand il atterrit sur les fines pattes de ses deux trains (toutes les revues spécialisées insistent à juste titre sur « l'élégance de ses jambes principales »), il vole bien au-dessus des zones habituelles aux flamants roses, il vole en pleine stratosphère entre 16 000 et 19 000 mètres, dans un ciel d'un azur intense, sans nuages et sans turbulence. C'est un glissement plus qu'un vol, exception faite du bruit des réacteurs à postcombustion tournant à plein régime. La vitesse ? On ne s'en aperçoit guère, même lorsqu'on franchit le mur du son. Un machmètre, compteur de vitesse à présentation digitale (et je me demandais dans l'avion comment traduire cette phrase en grec ancien), indique au fur et à mesure du vol la vitesse de l'appareil. Le Concorde vole en subsonique au-dessus des zones habitées et ne dépasse le mur du son qu'au-dessus des mers. À Mach 2, sa vitesse maximale, il vole donc à 2 340 kilomètres à l'heure. Et pourtant, vous ne ressentez rien de particulier, le vin ne tremble ni ne frémit dans votre verre, vous êtes au cœur d'un ciel au bleu intense où terre, nuages et turbulences appartiennent à un autre monde. Vous glissez dans la stratosphère, soutenu par une aile néogothique et propulsé par des réacteurs au nom symbolique : Olympus.

Inutile de préciser qu'à une telle vitesse et une telle altitude le ciel n'a plus d'odeur précise si ce n'est celle (mais perceptible à qui ?) d'un vieux mythe devenu enfin réalité.

Une journée à La Défense

De l'acier et du verre. Des façades et des esplanades. De l'acier et du verre. Des jets d'eau et des statues. De l'acier et du verre. Des étages et des escaliers. De l'acier et du verre. Et aussi des grues, des terrassements, des chantiers.

Dès qu'on arrive à La Défense, on remarque d'emblée l'immense espace et le jeu des reflets. Ici tout est vaste : les esplanades, les perspectives et les panoramas. C'est un carrefour géant, un long mail avec pour riverains des tours d'acier, des tours de verre. Des tours très hautes. Je n'ai pas compté leurs étages mais elles sont de vrais gratte-ciel (à partir de combien d'étages un building est-il censé gratter le ciel ?). Lorsqu'on est à leur pied et qu'on lève la tête, on ressent une impression de force mais aussi de fragilité due sans doute à la double présence de l'acier et du verre, un vertige provoqué par cet infini vertical, sensation propre à notre siècle. L'homme d'autrefois n'a pu la connaître, si ce n'est peut-être au pied des cathédrales. Mais les cathédrales étaient des monuments exceptionnels et si leur flèche elle aussi montait gratter le ciel, ce n'était pas pour abriter quelque bureaucratie céleste mais pour désigner justement l'invisible. Les flèches, les élans des gratte-ciel modernes sont purement profanes et du ciel qu'ils convoitent n'attendent nulle réponse. L'*Homo urbanus* d'aujourd'hui – et plus encore celui de l'avenir – sera amené à vivre de plus en plus verticalement, passant une grande part de sa vie à ascendre et descendre entre ciel et terre.

Une vie verticale. Voilà ce qui nous attend dans les futures mégalopoles. Jadis, il y a fort longtemps, les primates arboricoles que nous étions quittèrent l'abri des arbres pour affronter la vie horizontale des plaines et des steppes et c'est ainsi qu'ils se muèrent en hominiens puis en humains. À présent, le temps semble venu pour nous de regrimper vers les hauteurs, de réapprendre à vivre verticaux. Il y aurait un livre – du moins un guide ou un manuel – à faire sur « comment vivre heureux près du ciel ». Me promenant un jour au pied des tours du Front de Seine dans le XVe arrondissement de Paris, j'aperçus une ménagère. Comme je la questionnais sur les charmes et désagréments de la vie verticale, elle me fit cette réponse inattendue : « Il n'y a pas de problème particulier ici, sauf pour les amnésiques. » Autrement dit, les courses faites, il ne faut pas s'apercevoir au quarantième étage qu'on a oublié l'essentiel... La conclusion de cette réponse, c'est qu'il faut renforcer sa mémoire si l'on veut vivre heureux dans le futur.

Vertige et verticalité. Angoisses de l'amnésique devant quarante étages à redescendre, à remonter. Des ascenseurs et des animaux domestiques. Parkings souterrains et spéléologie. Voilà quelques titres possibles pour ce « Manuel de la vie urbaine verticale ».

On peut vivre et habiter à La Défense mais sa partie centrale, celle qui va des rives de la Seine à la Grande Arche, est surtout faite de bureaux. Près de cent mille personnes viennent ici travailler verticalement pendant le jour pour regagner le soir leur vie horizontale. Pourtant, la vie n'apparaît nullement monotone. En ce paysage étudié avec soin, édifié avec art, on sent le souci de combattre l'uniformité et la répétition en variant les formes et les volumes. Le choix des matériaux, l'arrangement des surfaces, les couleurs des façades et surtout leurs reflets contribuent à créer des miroirs, des réflexions multiples, à la fois réels et fantomatiques, comme une seconde ville, incertaine et tremblante, juxtaposée à la première, une ville parallèle, une ville mirage. Ici, par exemple, je vois un gratte-ciel porter sur sa façade un frère, un double tremblotant, comme s'il venait de l'enfanter. Ailleurs, trois grues géantes se reflètent sur une autre façade entièrement vitrée, mais défaites et comme disloquées par l'effet de la réflexion au point qu'on les dirait en train de s'émietter, de se diluer au sein du verre. Tous ces reflets multiplient l'espace, allègent le gigantisme des surfaces, créent autour de ces buildings, de ces bureaux toute une ville chatoyante et fantôme.

Que penser vraiment de ce lieu ? Figure-t-il ou préfigure-t-il la cité future ? Est-il un fragment de

IIIe millénaire enté en notre présent ou n'est-il qu'un aujourd'hui sans lendemain ? En ce siècle, l'architecture a changé aussi vite que les performances des avions, la forme des locomotives, la connaissance de la Lune, l'exploration du fond des mers. Mais ces changements, ces découvertes ne concernent qu'une part très limitée de notre vie. On emprunte assez souvent le train et l'avion mais pour l'instant on visite peu la Lune ou les fosses du fond des mers. L'architecture, au contraire, conditionne notre existence quotidienne et les essais des architectes sur le tissu urbain tiennent de ceux des généticiens sur le tissu humain : ils peuvent modifier radicalement notre présent, notre futur.

On peut visiter La Défense comme l'on visiterait l'exposition grandeur nature des réalisations urbaines du présent, sans en tirer de conclusions pour l'avenir. On peut aussi la visiter comme la préfiguration – même si d'autres voies sont possibles – de notre vie citadine et future. Ce qui est sûr c'est qu'il faut oublier ici, si l'on veut en sentir le charme et l'innovation, les images de notre passé, de nos matériaux familiers (pierres, tuiles et ardoises), des rues étroites et des places étriquées, des squares aux buis neurasthéniques, tout oublier de l'environnement où nous avons grandi. Dans les villes d'autrefois, même un myope pouvait reconnaître un ami, un voisin. Le citadin de l'avenir, le mégalopolitain, devra avoir de très bons yeux pour reconnaître ses amis à l'autre bout des esplanades ou des fenêtres du cinquantième étage. Mais surtout, il devra, impérativement, lire, connaître et apprendre (pour s'adapter à sa vie d'ange involontaire toujours entre ciel et terre), lire, connaître et apprendre le « Manuel de la vie urbaine verticale ».

Swing troubadour

Les enfants s'ennuient le dimanche, lassés sans doute – on s'en doute – d'écouter l'horloge ressasser son inlassable tic tic tac, lassés de la vaisselle cassée faisant son fric fric frac. Et ils s'ennuient aussi les jours de repassage dans la maison qui dort à écouter sur les ardoises, sur les framboises la chanson sans fin de la pluie : tip et top et tiptop et tip et tiptip et tip et tiptop et top !

Oui, en knickerbockers et en robe blanche, les enfants s'ennuient le dimanche mais moi je ne me suis pas ennuyé un seul dimanche en écoutant Charles Trenet. Avec bonheur et bonne humeur, ses chansons ont accompagné toute mon adolescence. Il serait pourtant erroné – et peut-être même inexact – de ne voir en Trenet qu'un chanteur et un compositeur moderne car je vois aussi en lui le plus jeune et le plus accompli des troubadours d'Occitanie. C'est d'ailleurs là-bas qu'il est né entre Sète et les Pyrénées et il connaît, il a connu tous les sentiers, tous les chemins d'Occitanie, ces chemins « qui sont de la nature les lignes de la main » et où « par les joyeux matins on part à l'aventure ».

Bernard de Ventadour, Geoffroy Rudel, Peyre Vidal, vous voici toujours parmi nous : vous portez maintenant un short ou des pantalons, une chemise à cravate ou des tricots rayés et sur la tête un chapeau feutre rejeté en arrière. Et comme vous jadis de château en château, Trenet se déplace aujourd'hui de plateau en plateau. Sur sa route enchantée, un rien le fait chanter : un pigeon qui vole, un facteur qui s'envole, un écho, un coquelicot ou un cocorico. Sur le chemin, ses pieds mouillés font flic flic flac, et la cloche répond ding, dung, dong au glou glou de tous les dindons. Dindons, clochers, bergères, bergers, les images de Charles Trenet ressemblent parfois aux dessins ruraux de Benjamin Rabier. Mais elles ont en plus la fantaisie, la poésie, elles chantent un univers peuplé d'elfes amoureux effeuillant des fleurs bleues sur des chemins heureux, et d'êtres malheureux attendant l'amour fou dans une chambre à deux où papa pique et maman coud. Et si d'aventure sur son chemin le troubadour croise un noyer, que se passe-t-il ? Il cueille une noix, la prend entre ses doigts, la retourne deux fois et y voit... « les chevaux du roi buvant près de la rivière, des abbés à bicyclette un 14 Juillet en fête, une robe au vent du soir et des reposoirs qui s'apprêtent ». Charles Trenet m'apprit qu'il ne faut jamais croquer une noix sans en faire d'abord un croquis.

J'ai grandi avec ces chansons qui apportèrent alors, avant guerre et sous l'Occupation, leur folie salutaire et leurs mots libertaires, un monde à l'envers où la clé des champs nous ouvrait la porte des villes. Un monde où la seule règle était de bousculer les règles, de jouer le plus possible avec les mots. Quels mots ? Eh bien, le lait et l'eau, par exemple. On peut dire beaucoup de choses avec de l'eau, avec du lait. On peut dire que le débit de l'eau est laid, que le débit de lait est beau, que le débit d'eau est tenu par Bobby, que le débit de lait est tenu par Babée, que la belle Babée aime le beau Bobby mais qu'elle n'apprécie pas le lent débit des longs bidons du débit d'eau de Bobby. Quels mots ? Le mot bey, par exemple. Si un bey vous invite chez lui, que faut-il faire ou ne pas faire devant lui ? Eh bien, il ne faut jamais rester bouche bée devant un bey, il ne faut jamais parler d'abbés devant un bey. Obéissez car être obéissant, c'est savoir obéir au bey.

Avec Trenet, les mots oublient leur cage et leur page, même en ses chansons tristes, car il lui est arrivé d'en écrire : *Swing troubadour* par exemple. Le titre de cette chanson, écrite en 1941, dit bien la vraie nature, le vrai visage de Trenet : ceux d'un troubadour qui aurait étudié à l'école de Duke Ellington et de Django Reinhardt. D'ailleurs, Trenet lui-même révéla plus tard son vrai nom, sa vraie naissance, dans une de ses plus belles chansons intitulée *La Folle Complainte*.

J'étais seul sur les routes
Sans dire ni oui ni non
Mon âme s'est dissoute
POUSSIÈRE était mon nom

Une poussière aux intuitions et aux visions prémonitoires ! Écoutez ou réécoutez la chanson intitulée Boum ! écrite en 1938 : des années avant les astronomes et les astrophysiciens, Trenet a découvert et annoncé le big-bang ! Car nous le savons à présent et tous les savants nous le disent : notre univers a commencé par un grand boum ! Comme dans une chanson de Charles Trenet.

Le *Spoutnik*

SPOUTNIK. Laïka. Gagarine. Russes furent les premiers noms de l'espace. Celui d'un satellite, d'une chienne et d'un humain. Dès qu'il fut sur orbite, le *Spoutnik* fit : bip... bip... bip... Laïka, elle, se mit à aboyer et Gagarine dit : « Je vais bien. Je vois la Terre. Elle est couverte d'une brume bleue. » Comme dans une chanson de Charles Trenet.

Gagarine fut le premier humain à devenir un satellite de la Terre pendant une heure et huit minutes. Cette expérience eut lieu en avril 1961. Depuis, des dizaines de cosmonautes soviétiques et d'astronautes américains ont pris la relève. Les fusées porteuses, elles, ont pris du poids et les satellites du volume au point de devenir des stations orbitales pour des séjours prolongés dans l'espace.

Maintenant et pour longtemps la stratosphère va se peupler de satellites artificiels, se couvrir d'une foule de petites Lunes et de nouvelles étoiles dessinant déjà de nouveaux zodiaques pour les générations futures. Car bien qu'ils appartiennent toujours à notre Terre et ne deviennent étoiles qu'en apparence, ces satellites bousculent l'image et l'apparence de notre ciel. Je me souviens de ma première vision d'un satellite dans les années soixante. J'étais en vacances sur la côte dalmate. La nuit venait de tomber et dans la rue quelqu'un montra quelque chose et toutes les têtes se tournèrent vers le ciel. Et je vis là-haut, oui, je vis que la Grande Ourse avait une nouvelle étoile ! Mais cette étoile se déplaça presque aussitôt et continua sa route hésitante dans la nuit. Pendant un fragment de seconde, j'avais cru voir le ciel basculer vers la Terre. On m'expliqua qu'il s'agissait d'un satellite, que cette étoile n'était qu'une fausse étoile et tout rentra dans l'ordre. Sur terre et dans le ciel.

Les actuels satellites, qu'ils soient mobiles ou géostationnaires, n'ont pas grand-chose à voir avec les images futuristes qu'en donnaient avant guerre les ouvrages d'anticipation. Fusées, navettes spatiales doivent être profilées puisqu'elles sont propulsées, mais les satellites se mouvant dans l'espace par la vitesse acquise n'ont plus besoin d'être aérodynamiques. À l'altitude où ils opèrent, il n'y a plus ni résistance ni frottement de l'atmosphère et ils peuvent déployer librement dans l'espace leurs antennes, leurs palpes, leurs pédipalpes et chélicères. J'utilise ici à dessein le vocabulaire de l'entomologie car ces satellites m'ont toujours fait penser à des insectes métalliques, de grands insectes aux bras et pattes articulés, des arthropodes de l'espace.

Regardons par exemple le *Lem*, le *Lunar Module* qui déposa Neil Armstrong sur la Lune en juillet 1969. Avec son habitacle, ses fusées, ses réservoirs de carburant, il fait plutôt penser à un silo volant. Les satellites assurent leur énergie par des capteurs solaires, capteurs diptères déployant dans l'espace leurs ailes réticulées. Ils sont pourvus d'une foule d'instruments de mesure, d'analyse, d'observation et c'est pourquoi ils sont munis d'antennes géniculées, de miroirs ocelés, de caméras renvoyant vers la Terre les images perçues par leurs yeux à facettes. Certains s'ornent aussi de dentelures métalliques, de prolongements globuleux, vésiculeux, d'une foule d'appendices à usage sidéral.

D'autres ont des formes très différentes et pas du tout arthropodiques comme le satellite Iras que les Américains lancèrent en 1963 pour étudier le rayonnement infrarouge. La structure alvéolaire de sa coque fait plutôt penser à la peau ridée d'un saurien et sans les panneaux solaires qui l'accompagnent, on croirait voir voler le tronc fossilisé d'un reptile. À peine lancé, ce satellite découvrit d'ailleurs une nouvelle comète qu'on baptisa Iras Araki Alcock. Nous ne sommes plus chez Charles Trenet mais dans le rock spatial.

À chacun sa nostalgie. Ces nouveaux satellites sont bien plus élégants, plus performants aussi que le *Spoutnik* et ceux qui le suivirent. Pourtant, j'ai aimé ces ancêtres ailés des *Skylab*, *Spacelab*, *Saliout* et *Soyouz* qui sont, depuis dix ans, les visiteurs de notre ciel. J'ai aimé ces premiers satellites, partiellement aveugles et sourds mais non muets et qui du haut du ciel lançaient vers nous leurs stridulations sidérales. C'étaient bien des arthropodes de l'espace, non seulement par leurs antennes, leurs pattes et leurs capteurs mais par ce bip… bip… bip… émis les nuits d'été, comme le lancinant tsi… tsi… tsi… des insectes amoureux.

Blues

I have walked that lonesome road
Till my feet is to soak to walk
I begged scraps from people
Until my tongue is too stiff to talk...

J'ai marché sur cette route solitaire
Jusqu'à ce que mes pieds trempés ne puissent plus marcher
J'ai mendié des miettes à des gens
Jusqu'à ce que ma langue ne puisse plus parler...

Début du *Road Tramp Blues*, le blues du vagabond, de Peetie Wheatstraw, un chanteur noir qu'on surnommait Devil's son-in-law, gendre du Diable, grand marcheur sur les routes du Missouri et le long du Mississippi. Blues. Le « bleu » : tout le contraire de la bluette. Avoir le blues, c'est voir le bleu devenir noir, c'est voir le ciel devenir nuit. C'est justement la nuit, en pleine Occupation, en prenant Radio-Londres que j'entendis des blues pour la première fois. Ils passaient juste après l'émission « Les Français parlent aux Français » et des nuits durant, en cachette, j'ai écouté ces voix clandestines qui venaient des terres de liberté.

Terres de liberté et chants de servitude. Les titres des blues évoquaient des contrées magiques mais peuplées d'êtres miséreux ou malchanceux, des routes sans fin et des vies sans issue : *St James Infirmary, Canal Street Blues, Creole Love Call, West End Blues, Wild Man Blues, Lonesome Road Blues.* Appels, complaintes, mélopées sur l'errance, la solitude, la quotidienne détresse. Seule note plus gaie : les noms des chanteurs et des compositeurs, des noms sonores et rocailleux : Big Bill Bronzy, Memphis Slim, Leadbelly, Peetie Wheatstraw, Champion Jack Dupree, Sleep John Estes... Quels noms étranges ! Rien qu'à les entendre, je voyais surgir les paysages du Sud, tels que je les imaginais : champs de canne à sucre ou de coton où luisaient des centaines de dos noirs courbés par la cueillette ; routes poussiéreuses où erraient des silhouettes nègres, le banjo ou la guitare autour du cou ; rives du Mississippi que longeaient de grands bateaux avec des roues à aubes. C'était toujours le Sud, c'est vrai, jamais le Nord, qui surgissait ainsi dans mes visions. Ce n'est que bien plus tard, après la guerre, que je connus la véritable histoire du blues : sa naissance dans les plantations où vivaient les esclaves, puis sa transplantation dans les quartiers de La Nouvelle-Orléans puis son implantation à Chicago et dans les villes du Nord.

Blues. Sa date de naissance officielle correspondrait à l'enregistrement par Mammie Smith à New York le 14 février 1920 d'un disque intitulé *Crazy*

Blues. Mais sa vraie naissance est bien antérieure à cette date. « Le blues, expliquent les musicologues, est une suite de douze mesures comportant trois périodes de quatre mesures marquées par un passage en mineur aux 3e et 7e degrés de la gamme. » C'est précisément ce passage en mineur qu'on appelle *blue note*. Bien sûr, blue note : diminuendo de la hauteur pour dire le crescendo de la douleur. Blue note.

Ces blues, ces voix que je captais la nuit venant de Londres arrivaient très souvent brouillées, altérées, mutilées, égarées dans un brouillard de sons, dans les orages des parasites, au point de s'évanouir complètement pour revenir ensuite, réapparaître comme des fantômes capricieux, malicieux. Je savais que des centaines de kilomètres me séparaient de ces voix et aussi des années-lumière pour certaines d'entre elles. Beaucoup de ces chanteurs avaient été enregistrés bien avant guerre aux États-Unis et je les écoutais, vivants, présents, alors qu'ils étaient morts depuis longtemps. Comme la lumière de ces étoiles qui nous parvient encore alors que l'astre s'est éteint il y a des milliers et des milliers d'années. Le temps vivait intensément, se contractant, se dilatant pour me livrer – intacts, et jamais momifiés – les voix, les messages d'une Amérique en train de disparaître ou déjà disparue et que je découvrais, pour moi naissante et neuve, au moment de sa disparition. Car pas un seul instant, au cours de ces années 42 et 43, je n'aurais pu penser qu'un jour viendrait – très proche – où je pourrais voir *de visu* et en pleine lumière ces chanteurs écoutés si longtemps dans l'ombre. C'est ce qui arriva pourtant lorsque, aussitôt après la guerre, Louis Armstrong et Sidney Bechet donnèrent à Paris leur premier concert.

Blues. Chant des Noirs. Chant des nuits d'Amérique. Chant des nuits de l'Occupation. Voix magiques, magistrales, bouches orantes de l'ombre. Un air de Louis Armstrong revenait souvent, ces nuits-là. L'avait-on choisi pour son titre optimiste ? Il se nommait : *On the Sunny Side of the Street*, « Du côté ensoleillé de la rue ». Il disait bien, il disait même exactement ce que furent en ces années-là la découverte et la révélation du blues : quelques heures d'ensoleillement dans la nuit de l'Occupation.

Dans l'atelier de Brancusi

À Béatrice Casadesus

Un établi avec du matériel de bricolage, des étaux, une scie circulaire. À côté, d'autres scies, en tout genre et de toutes tailles, y compris des scies de long (Brancusi a beaucoup travaillé le bois et une photographie, sur le mur de son atelier, le montre dans une forêt de Roumanie avec des scieurs de long). Un poêle d'angle en fonte. Des dizaines de billots et de morceaux de bois creusés, évidés, limés, taillés, mortaisés, ciselés, sculptés. Un gros cric. Une guitare suspendue à un clou. Des sièges bruts, en bois taillé à même le tronc à la façon des bûcherons. D'énormes meules, les unes en pierre, les autres moulées en plâtre. Un appareil photo à soufflet avec un objectif en cuivre. Un étui à violon sans violon (qu'est-il devenu, ce violon ?). De gros linteaux en bois brut. Plusieurs moulages en plâtre d'une tête de femme, toujours la même. Plusieurs essais en plâtre d'une de ses sculptures les plus stupéfiantes, *Oiseau dans l'espace* (que je vis un jour par hasard en feuilletant une revue d'art et qui me fit courir tout Paris à la recherche d'autres œuvres de Brancusi). *Oiseau dans l'espace* : un jaillissement, une flamme surprise en son élancement, miracle d'un perpétuel envol, une œuvre qui défie la fixité, qui rend visible et mouvant l'espace qui l'entoure, l'espace qu'elle ne cesse de créer en son jaillissement, et sa souveraine assomption.

Une trentaine de limes de tous formats accrochées au mur. Un équipement complet de golf avec ses clubs. Un miroir brisé. Une poulie. Des galets, par dizaines. Des sculptures en bois et en plâtre évoquant des totems, notamment une sculpture intitulée *La Caryatide* et une autre, esquisse de ce qui sera l'autre chef-d'œuvre de Brancusi, *La Colonne sans fin*, elle aussi élancement dans l'espace, jaillissement de rhomboïdes en bois s'échelonnant vers le ciel, qui vous donne un sentiment immédiat d'infini et vous fait découvrir les beautés cachées de la vis d'Archimède. Car *La Colonne sans fin* est une forme active, qui visse, qui vrille littéralement l'espace où elle s'élance.

Des quantités de pierres polies déposées sur l'établi et sur les meules. Des sculptures en cuivre, ovoïdes, extrêmement brillantes (Brancusi passait des jours et des jours à polir le marbre et le cuivre avec une peau de chamois au début puis, plus tard, avec une polisseuse électrique. Pour lui, le polissage faisait partie de la sculpture, restituant à la matière choisie sa vraie substance, sa vraie fonction en lui faisant refléter l'espace environnant). L'une d'elles d'ailleurs a sûrement servi d'esquisse à une autre œuvre essentielle de Brancusi, *Le Commencement du monde*, œuf en cuivre légèrement étiré, légèrement elliptique, évoquant l'œuf primordial des vieux mythes, la genèse secrète et silencieuse des formes et de la vie.

Des armatures pour œuvres en plâtre. Des tabourets en pierre. Une vis de pressoir et, juste à côté, une vis d'Archimède sur un socle, retravaillée par Brancusi. Une sculpture en plâtre intitulée *La Sorcière,* moulage d'un original en bois d'érable. Une cheminée en pierre avec un chaudron. Une meule posée à même le sol avec dessus une énorme pierre portant des traces de ciselures. Un portique en plâtre, esquisse de son œuvre intitulée *Temple de la délivrance.* Le moulage en plâtre teinté d'un original en marbre veiné intitulé *Le Grand Poisson*. Une enclume. Des cordes. Un autre miroir brisé. Un œuf en marbre sur une meule.

Des outils. Du marbre. Du bois. Des outils. Des pierres. Des galets. Des outils. Du fer, du cuivre. Des outils. Des outils bien rangés, prêts à servir, à resservir. Brancusi vient de quitter son atelier. Il vient de refermer la porte. Dans un instant, il reviendra, il prendra un de ces outils, il se mettra à travailler, tailler, creuser, limer, forer, polir. Il touchera, palpera *La Colonne sans fin,* il reprendra son labeur sans fin, revivra son amour sans fin de la pierre, du bois, du marbre, du fer, du cuivre, son amour sans fin de l'espace sans fin.

Automobiles

Le bleu des Bugatti

À Claude Jeangirard

AVANT guerre, il n'y avait pour moi que deux types de voitures : les Bugatti et toutes les autres, car aucune ne pouvait alors par sa mécanique, ses performances ou sa beauté rivaliser avec les Bugatti. Au point qu'on aurait pu se demander si celles-ci appartenaient au monde des voitures et s'il n'eût pas fallu trouver un autre mot, moins commun, pour les désigner.

Que voyait-on à l'époque sur les routes et qu'y voit-on encore ? Parfois des limousines, quelquefois des berlines et toujours des conduites intérieures. Cette dernière expression m'intriguait car je n'entendais jamais parler de voitures à conduite extérieure. En fait, elle devait se référer au temps – pas si ancien – où la conduite s'effectuait en plein air, avant que l'on n'invente les torpédos et les phaétons. Expression qu'on continue d'utiliser comme celle, tout aussi périmée, de cheval-vapeur. Cette idée, cette image du cheval-vapeur m'amusaient beaucoup quand j'étais enfant. J'ignorais évidemment qu'elle remontait à la préhistoire de la traction automobile, au temps de la voiture à vapeur de Cugnot. En regardant la Primaquatre de mon père, j'imaginais les efforts déments qu'il aurait dû faire pour maîtriser les 25 chevaux non vapeur qu'elle représentait ! Quant à la Bugatti 50 Grand Sport à la mode dans les années trente, il aurait fallu atteler 225 chevaux (non vapeur) pour égaler la puissance du moteur. Mais à supposer qu'un conducteur très doué réussisse à les faire partir en même temps, auraient-ils eu la même accélération au départ et surtout auraient-ils atteint en pleine course 180 kilomètres à l'heure ?

Oui, il aurait fallu trouver un autre mot que voiture ou qu'automobile pour désigner les Bugatti, conçues pour tout sauf pour rouler en famille le dimanche sur les routes de campagne. De course ou de sport, elles étaient dotées de mécaniques si princières qu'elles accédèrent d'emblée à l'aristocratie de la vitesse. Bolides, certes, mais bolides civilisés, domestiqués, dans le cas des modèles de grand tourisme, dont de rares exemplaires circulaient alors en province, comme le type 57 dont un modèle figura quelque temps dans la vitrine d'un concessionnaire d'Orléans. Il faudrait même dire bolides domptés car Ettore Bugatti continua d'utiliser le vocabulaire hippique pour vanter la qualité de ses voitures, en parlant du « moteur de pur-sang » de la 43 A Grand Sport, sortie de son « écurie » en 1932.

À cette époque, le premier étage de l'immeuble où nous vivions à Orléans était habité par un représentant en huiles pour autos. Son garage, qui jouxtait le nôtre, regorgeait de bidons de toutes tailles et de toutes couleurs, qu'il me donnait une fois vides. Ainsi passai-je une partie de mon enfance avec les quatre blasons colorés des quatre marques qu'il représentait : le jaune de Shell, le rouge d'Antar, le vert de Castrol et le blanc de Mobiloil. Cette dernière marque avait même pour emblème un étrange animal, mi-griffon, mi-gargouille, appelé *Gargoyle*. Tous ces bidons jetaient leurs couleurs vives sur le gris et le noir habituels des garages, couleurs qui se retrouvaient sur les pompes à essence des terrains d'aviation, si bien que vues de loin, elles avaient l'air de totems modernes et bigarrés, alignés sur le seuil sacré des hangars.

C'est ce voisin qui vint un jour demander à mon père l'autorisation de laisser dans le jardin pour quelques jours une superbe Bugatti qu'on lui avait confiée. Une Bugatti d'un bleu princier, un bleu roi lumineux, qui fut longtemps celui des modèles de course et de sport. Un bleu enjoué, comme une éclaircie de ciel sur le gris orageux de l'asphalte.

La Bugatti resta quelque temps dans le jardin. J'allais la voir chaque jour et quand j'étais seul, je montais m'asseoir sur le siège, malgré l'ordre exprès de ne pas le faire. Là, je restais à contempler le tableau de bord, simple plaque métallique avec trois ou quatre cadrans, je palpais le volant en bois et en aluminium, le frein à main sur le côté de la carrosserie, à l'extérieur. Tout était net, précis, sans accessoire inutile, poli, brillant, luisant. Un bolide à l'arrêt, ses chevaux-vapeur endormis, blottis dans les cylindres tandis que, derrière le tabernacle du tableau de bord, dormait la Vitesse en personne. Plus qu'un bolide : une ogresse au repos (pour moi, les Bugatti ont toujours été femmes), dévoreuse de kilomètres et de distance.

Aujourd'hui que ces voitures sont devenues des objets de culte et de musée, à jamais silencieuses et immobilisées, je pense souvent à la fée bleue venue un jour d'été dormir dans notre jardin. Et aux quelques instants où, à l'insu de tous, j'ai pu m'asseoir secrètement sur les genoux (en cuir) de la Beauté.

Automobiles

La calandre des Buick

À Pascal Dibie

BRILLANTES. Étincelantes. Éblouissantes. Luxueuses. Fastueuses. Somptueuses. Telles étaient (ou telles m'apparaissaient) les rares voitures américaines qu'on pouvait voir sur les routes de France avant guerre. Longues, lourdes, souvent massives, équipées de calandres, de pare-chocs, de jantes, d'enjoliveurs nickelés ou chromés, d'ailes parfois ornées d'ailerons baroques, de pneus gainés de blanc et, pour certaines, de larges marchepieds abritant la roue de secours, elles étaient tout le contraire des voitures françaises, tristes, austères et peu spectaculaires, à part quelques marques de luxe comme Delahaye, Delage, Hotchkiss, Voisin ou Hispano-Suiza. Voitures de prestige, de prestance, à l'image de la puissance, de la richesse et de l'immensité de l'Amérique, conçues pour les routes sans fin, les vastes étendues, les larges avenues. Du moins les vis-je ainsi, la première fois que j'en rencontrai une ailleurs qu'au cinéma ou dans les magazines. Je la remarquai de loin au milieu des autres voitures, sur l'esplanade où elle était garée, à ses dimensions et surtout à sa couleur inhabituelle, grenat ou rouge bordeaux. Son capot profilé s'achevait par une calandre en forme de grand V avec une arête si fine qu'à pleine vitesse il devait fendre l'air comme un rasoir ! Sur les côtés de la calandre, un écusson rouge portait en lettres chromées *Lincoln Zéphyr* V 12-Made in USA.

Sa carrosserie était en forme de goutte d'eau avec des ailes arrière entièrement carénées et des phares qui s'encastraient dans l'aile avant. Partout ailleurs, ce n'était que nickel et que chrome : sur la calandre, les pare-chocs, les rétroviseurs, les essuie-glaces, les poignées des portières, les bordures des marchepieds et même sur le tuyau d'échappement ! À l'intérieur, même luxe flamboyant avec le tableau de bord et les sièges. Le compteur de vitesse s'arrêtait à 120, ce qui me surprit, mais j'appris par la suite qu'il s'agissait de milles et non de kilomètres.

Élégance, luxe, puissance, silence, voilà ce qu'inspirait la vue de cette voiture, vrai jouet de luxe pour adultes. Car il y avait aussi quelque chose d'enfantin en cette débauche de nickel et de chrome, ce déploiement d'accessoires rutilants mais sûrement inutiles.

Les autres marques américaines, je les connaîtrai peu à peu par la suite et leurs noms chanteront comme à l'église l'énumération des Puissances, des Trônes et des Dominations : Buick, Chrysler, Ford, Cadillac, Packard, Dodge, Oldsmobile, Pontiac et Studebaker. Chaque marque éveillait alors une image, un écho bien particuliers. Buick, par exemple, avec ses trois lettres finales en *ick* (comme celles de nickel) évoquait tout un monde de fêtes, de fastes métalliques. Chrysler était synonyme de profusion et de richesse, peut-être parce que ce nom avait une vague ressemblance avec celui de Crésus qui aurait sûrement circulé en Chrysler si elles avaient existé en son temps. La seule que je vis à l'époque m'avait impressionné par sa calandre : deux treillis ovales de part et d'autre de l'arête métallique, comme les yeux à facettes d'un insecte géant. Quant à Cadillac, ce nom d'apparence occitane disait la somptuosité suprême. À cette époque, elles avaient d'immenses marchepieds sur lesquels s'appuyaient une roue de secours carénée, une calandre massive avec une petite Victoire en nickel. Des Packard, je n'en vis jamais sur les routes mais d'après les photos, elles me paraissaient plutôt lourdes, pataudes, avec des lignes et des volumes épais, comme des mastodontes de luxe. La seule voiture américaine dont j'ai gardé, juste après la guerre, un souvenir précis est la Studebaker, en raison de sa silhouette insolite. Le modèle Commander, dessiné par Raymond Loewy, avait une calandre finissant en pointe et un arrière absolument identique à l'avant, avec un simulacre de capot et une lunette enveloppante. Vue de loin, on ne savait jamais si elle avançait ou si elle reculait !

Hosanna du nickel, alléluia du chrome : les belles Américaines n'étaient-elles pas les demeures, les nefs, les réceptacles de Brillance et de Rutilance ? En tous lieux avant guerre, on remarquait leurs lignes futuristes, leurs dimensions extra-européennes, leurs couleurs inhabituelles et surtout l'abondance et l'éclat de leurs parures métalliques. Très longtemps, j'eus le sentiment qu'elles étaient moins conçues pour l'usage courant – avancer, circuler, transporter et véhiculer – que pour des concours d'élégance et des prix de beauté. Des voitures de cérémonie – avec les gants blancs de leurs jantes –, des visiteuses enjolivées, saupoudrées de nickel et maquillées de chrome, venues du Nouveau Monde pour déployer sur nos routes romanes leur ligne flamboyante et leur faste gothique.

Automobiles

Blue Bird et Thunderbolt

Ces noms, ils sont tous oubliés aujourd'hui, à part peut-être les trois derniers : Chasseloup-Laubat, Jenatzy, Serpollet, Vanderbier de Caters, Rigoly, Hémery, Eldridge, Seagrave, Malcom Campbell, Eyston et Cobb. Noms de ceux qui, de 1902 à 1947, battirent les records de vitesse pure en automobile. Les seuls devenus vraiment célèbres avant la guerre furent Sir Malcom Campbell et son *Blue Bird, Oiseau bleu*, avec lequel il atteignit en 1935 484 kilomètres à l'heure. Je me souviens de la silhouette insolite, étonnante de l'*Oiseau bleu* : quatre roues gigantesques protégées à l'avant et à l'arrière par un carénage, un long capot finissant sur le gosier ouvert d'un radiateur et, à l'extrême arrière, une dérive analogue à celle des avions pour assurer la stabilité latérale. Long, effilé et comme collé à la piste, l'*Oiseau bleu* faisait moins penser à un volatile qu'à un alligator géant, métallisé, avaleur de vitesse et de kilomètres.

Puis vint la *Thunderbolt*, la *Coup de foudre* du capitaine Eyston qui dépassa le record de Campbell et atteignit 575 kilomètres à l'heure en 1938, suivie par la *Napier-Railton* de John Cobb qui atteignit 592 kilomètres à l'heure en 1938, puis 634 kilomètres à l'heure avec la même voiture améliorée en 1947. Depuis, les courses aux records ont cessé et nulle voiture n'a jamais dépassé sur terre la vitesse atteinte par John Cobb. Car ces records qui passionnèrent alors le monde entier avaient ceci de particulier qu'ils ne servaient strictement à rien, les voitures en question étant de véritables monstres mécaniques, construits à un seul exemplaire et où tout, absolument tout, était sacrifié à la vitesse. Aucune des solutions imaginées et trouvées à cette occasion ne pouvait avoir d'application pratique pour les voitures ordinaires. Les moteurs utilisés étaient des moteurs d'avion ou d'hydravion de compétition, développant chacun 1 200 ou 1 300 chevaux et comme l'engin roulait sur terre, non dans les airs, le problème était de les refroidir. C'est pourquoi on mettait un immense bac à glace derrière le radiateur ! Quant aux pneus spécialement conçus pour ces tentatives, ils supportaient un tel poids et un tel échauffement qu'il fallait les changer après chaque essai. De plus, l'adhérence au sol diminuant à mesure que la vitesse augmente, il fallait alourdir et non alléger la voiture, chaque fois que l'on voulait augmenter sa vitesse. À 500 ou même 400 kilomètres à l'heure, la moindre bosse sur la piste l'aurait expédiée dans les airs. C'est pourquoi il fallut trouver aussi une piste spéciale, très longue, et sans la moindre aspérité. On la découvrit au pied des monts Utah, à Bonneville Salt Flats, où le lac Salé, en se retirant, a laissé sur le sol une couche de sel dure et plane, idéale pour ces tentatives. Et longtemps, les mots de Salt Lake évoquèrent pour moi le trajet de ces bolides sur un désert de sel blanc, aveuglant.

Ces records ne servirent donc à rien, si ce n'est à concevoir ces monstres automoteurs, nés du cerveau d'ingénieurs-chirurgiens et soignés, choyés ensuite par toute une équipe de mécaniciens-infirmiers. Car ces engins ressemblaient à tout sauf à des voitures. La *Thunderbolt* du capitaine Eyston, dont les premières photos parvinrent en France en 1938, tenait de l'obus sur roues avec sa coque d'acier si profilée que rien n'en dépassait, à part les entrées et les sorties d'air du moteur et la dérive arrière. Quant à la *Napier-Railton* de John Cobb, elle avait l'air d'une goutte d'eau gigantesque où seuls faisaient saillies les carénages des roues et du poste de pilotage, situé à l'extrême avant. C'est sur cette goutte de 7 tonnes que Cobb atteignit 634 kilomètres à l'heure cinquante ans après Jenatzy qui, lui, dépassa pour la première fois les 100 kilomètres à l'heure sur un engin électrique, véritable fusée sur roues baptisée *La jamais contente* !

Ces records ne servirent donc à rien d'autre qu'à imaginer l'impossible et à construire l'inutile. Ils aboutirent à des monstres uniques, des merveilles de mécanique dont la seule vue rendait vétustes et prosaïques les automobiles ordinaires. Là encore, il faudrait trouver un nom pour désigner ces engins prodigieux, ces voitures si peu voitures qu'elles ne cherchaient qu'une occasion de s'envoler ! Exceptionnelles mais éphémères, puissantes mais fragiles elles procurèrent à quelques êtres le pur plaisir de la vitesse en ces records de vitesse pure. Et à ceux qui, comme moi, admiraient de loin leurs exploits, elles prouvèrent que le mot voiture pouvait rimer avec rêve pur en roulant aux limites de l'envol sur cette piste du lac Salé, étincelante, éblouissante, immaculée comme une aile d'ange.

Plastiques

Au début, il y eut la trinité des trois substances : Galalithe, Bakélite et Celluloïd. Elles se matérialisèrent à la fin du siècle dernier[1] pour deux d'entre elles et au début du nôtre pour la troisième, bien que provenant d'ancêtres et d'entités fort différents. Galalithe, en effet, descendait de Caséine, Celluloïd de Camphre et de Cellulose et Bakélite de Formol et de Phénol. Mais elles avaient pour trait commun d'être les premières matières synthétiques entièrement œuvres de l'homme et dotées chacune de qualités et d'attributs encore inconnus sur la Terre.

Des trois, la plus lumineuse ou, si l'on veut, la moins opaque fut Celluloïd, la seule à laisser passer la lumière, si faiblement qu'à travers elle le soleil de midi ressemblait au soleil de minuit. À part cela, elle présentait mille avantages : elle était à la fois rigide et malléable, très résistante au choc mais très sensible au feu. On en fit des films et des rubans, des cols et des faux cols, des plastrons, des poupons.

---

1. Ce texte a été écrit en 1997. (NdE)

Galalithe, elle, n'était ni transparente ni même translucide malgré son nom signifiant « Pierre de lait », mais résistait très bien à la chaleur et surtout isolait à merveille l'électricité. On en fit donc une matière isolante comme Bakélite qui, elle, était la plus opaque et la plus compacte des trois.

Après la guerre, une foule de nouvelles substances virent le jour, constituées de résine, de vinyle ou d'ester. On leur donna des noms – chimiques et commerciaux – qui composèrent le nouveau panthéon des plastiques : Rhodoïd, Haveg et Corozo, Formica, Rhovyl et Mipolam, Kevlar et Trolitul, Lanital et Styrène. Saint Styrène eut d'ailleurs son chant en 1958 dans un film d'Alain Resnais tout comme en 881 sainte Eulalie eut sa cantilène.

Décrire la naissance de ces nouveaux plastiques par polymérisation, leur mort par combustion, volatilisation, leur emploi et leurs qualités, fut l'œuvre de nouveaux chantres. Vêtus d'un blanc péplum, ils assistèrent dans leur laboratoire aux épreuves (baptisées essais) subies par ces matières et témoignèrent de leur solidité et de leur stoïcisme (résistance, endurance, permanence) en des textes concis, placés en général sous l'invocation de Monomère et Polymère. Au terme de ces tribulations, de ces triturations, que vit-on naître ? Des simili. Car ces plastiques ont pour but et pour avantage de pouvoir imiter les substances naturelles dont ils reproduisent l'apparence mais assurent un meilleur emploi en augmentant leur résistance : soie, laine, coton, cuir, fourrure, faïence, ivoire, corail, bois, résine, feuille, fleur et fruit. Tout un univers de simili – et même un univers en simili – est né avec ce siècle, un monde fait de substances, de matières analogues à celles de notre monde mais dotées de propriétés nouvelles où les fleurs ne se fanent jamais, où les fruits ne se gâtent jamais, un monde presque éternel puisque fait d'objets insensibles à la pluie, au gel et au feu, insensibles au temps qu'il fait comme au temps qui défait, de textiles ignorant l'usure et de bois ignorant la cendre. Un monde inaltérable ou *presque* inaltérable.

Les plastiques ont ainsi étendu à l'infini le champ de l'illusion et de l'imitation. Avec eux, tout ou *presque*, est devenu imitable, de la dentelle aux dents, du cuir au caoutchouc, de la faïence à la fourrure, du lierre au liège, du papier à la porcelaine. Plastique : matière artificielle d'apparence naturelle, matière industrielle d'aspect artisanal. Plastique : matière *presque* inusable pour défier les effets du temps et faire de l'éphémère un simili de l'éternel.

Viaducs

Comme les pylônes et comme les châteaux d'eau, ils font partie depuis si longtemps des paysages de nos campagnes, de nos montagnes, qu'on a fini par ne plus les voir, en tout cas ne plus les remarquer, ni s'étonner de leur existence. Et pourtant, ils ont des élancements magnifiques quand leur long tablier, soutenu de colonnades de ciment ou de poutrelles d'acier, enjambe d'une seule portée vallées et précipices. Fragiles en apparence – surtout quand ils sont métalliques –, suspendus comme une toile sur le vide, un aérien réseau jeté là dans l'espace, harpes d'acier où le vent joue, ils s'avèrent pourtant étonnamment stables et solides, résistant aux vents, aux tempêtes quand ils jettent au-dessus des gorges leur écharpe gracile et leur arche d'acier.

Élancement, enjambement, parfois aussi élévation. Le viaduc de Garabit s'élève à 122 mètres au-dessus du cours de la Truyère, celui de Viaur à 120 mètres, celui des Fades à 133 mètres au-dessus de la Sioule. Mais c'est moins sa hauteur que l'ouvrage lui-même qui impressionne par cette façon qu'il a d'abolir l'abîme en l'enjambant, et de relier entre eux par le fil ténu de la route et du rail les versants des massifs hercyniens. « Ces viaducs de massifs montagneux sont des ouvrages relativement courts », écrit un spécialiste. « Mais leur longueur augmente à mesure qu'on se rapproche de la mer et c'est au-dessus des estuaires que les viaducs atteignent des dimensions records. » Comme celui qui traverse le Firth of Forth, par exemple, ou celui qui enjambe le Saint-Laurent à la sortie du lac Ontario et qui a 11 kilomètres de long.

Mais l'essentiel est moins dans leur longueur ou leur hauteur que dans leur frêle – et pourtant sûre – architecture. Les viaducs ne sont ni des ponts suspendus ni des ponts à cantilever et leur beauté vient justement de leur simplicité, de cet arc inférieur qu'ils sont les seuls à posséder avec une telle ampleur, de sa courbe savante ou de sa cambrure élégante, la ténuité du tablier, l'austérité des poutres armées qui les rigidifient, cet essor qui les prédispose ou les prédestine à l'abîme et les assigne à résidence là où l'espace devient vertige. Franchisseurs d'impossible, ils ont exorcisé la vieille terreur du vide en déployant leur tablier d'acier sur les montagnes et les estuaires.

Pourtant, nul ne leur prête plus attention aujourd'hui, nul ne les considère et nul ne les admire. Ils sont devenus anodins à force d'être familiers. Ils sont même devenus invisibles eux qui, après des siècles d'impuissance devant les échancrures et les déchirures de l'espace, ont su vaincre le vide et jeter au-dessus des gorges, en résistant aux vents et aux tempêtes, leur écharpe gracile et leur arche d'acier.

La comète de Halley

TORCHE ardente ? Monstre dévorateur ? Tête ensanglantée ? Poutre enflammée ? Dragon crachant le feu ? Épée embrasée ? Essaim d'étoiles ? Âme d'un défunt héros ? Messagère céleste ? Rien de tout cela mais une boule de neige sale, prisonnière du Soleil et condamnée à revenir périodiquement dans notre ciel. Voilà, en vérité, ce que sont les comètes : des visiteuses enflammées mais tout à fait inoffensives.

Il aura fallu très longtemps pour innocenter les comètes de toute action néfaste pour la Terre. Car pendant des siècles elles n'ont cessé de créer l'épouvante, de provoquer terreurs et paniques par leurs apparitions inattendues, leurs excentricités d'astres extravagants, échappant au tracé rassurant des étoiles. Et aussi en raison de ce grand halo qui les nimbait, de leur ardente chevelure (à laquelle elles doivent leur nom) et de l'écharpe zodiacale, longue de millions de kilomètres, qui les précède ou qui les suit. Errantes et sidérantes, elles étaient, pensait-on, des messagères que Dieu envoyait vers la Terre pour lui signifier sa colère, une flamboyante signature qu'il traçait dans le ciel à notre intention. Pour annoncer quelque événement hors du commun : séisme, inondation, sécheresse, éruption, épidémie ou guerre.

Les comètes commencèrent à perdre cette aura maléfique quand l'astronome anglais Halley put calculer l'orbite de celle qui porte depuis son nom et annoncer la date de son prochain passage. Elles cessèrent alors d'être des astres imprévisibles, de célestes aventurières, pour devenir ce qu'elles sont aujourd'hui : des voyageuses des confins, aux visites espacées mais fidèles, décrivant autour du Soleil une longue ellipse qui les ramène périodiquement dans nos cieux. D'ailleurs, on s'aperçut à force de les étudier que leur noyau s'amenuisait jusqu'à ne plus être qu'une congère de l'espace de quelques kilomètres de diamètre, une sorte de « rien visible » comme les nomme Michel Festou, se sublimant à chaque passage près du Soleil pour devenir gerbe embrasée, geyser ionisé, luciole en fête, bref un fantôme luminescent.

Et c'est pour étudier le cœur et les drapés de ce fantôme que les sondes soviétiques *Véga I* et *Véga II* ainsi que la sonde européenne Giotto partirent à la rencontre de la comète de Halley. Elles confirmèrent qu'elle était bien un « rien visible », un agglomérat de flocons de neige momifiée, un fossile glacé témoin de la naissance du Soleil et captif à jamais de son attraction. Adieu poutres, épées, dragons, têtes et torches sanglantes ! La comète de Halley a perdu tous ces oripeaux comme elle perd à chaque passage des milliers de tonnes de matière sous forme d'émissions de gaz et de lumière. Dans quelques siècles, il n'en restera plus que d'infimes débris, des poussières célestes perpétuant le souvenir de l'astre mort. Car les comètes finissent toutes en une agonie de lumière par une pluie d'étoiles filantes. De rien visible, elles deviennent peu à peu un rien presque invisible.

Il a fallu longtemps pour découvrir et accepter l'idée que les comètes n'étaient qu'une boule minuscule et glacée. Pour que, grâce à l'astronomie, elles nous livrent le vrai visage de leur noyau. Pour que s'abolissent enfin les terreurs d'antan et que l'on puisse dire en toute certitude que depuis l'origine des temps et des comètes l'humanité a tremblé, crié, prié pour rien devant un rien.

Moissonneuses-batteuses

LONGTEMPS, moissonneuses et batteuses eurent une destinée séparée. La première roulait tout le jour dans les champs pour y couper le blé. La seconde restait à la ferme où les hommes la gavaient de gerbes et d'épis. Tirée au début par des bœufs ou par des chevaux puis par un tracteur, la moissonneuse resta longtemps un engin plutôt rudimentaire, avalant par l'avant des épis qu'elle rejetait en gerbes par l'arrière. On recueillait ces gerbes pour les porter à la batteuse, reliée par des courroies à une chaudière montée sur roues, fonctionnant en général au bois et surmontée d'une longue cheminée. L'ensemble faisait un bruit d'enfer, emplissant l'air d'un brouillard de fétus qui s'insinuait partout. À la lenteur, à la quasi-sérénité de la moissonneuse succédaient à la ferme les fumées, les frénésies et les fureurs de la batteuse.

Aujourd'hui, moissonnage et battage s'effectuent dans les champs avec le même engin qui assure toutes les opérations depuis le fauchage des épis, la séparation de la paille et du grain jusqu'au double battage des otons. La batteuse n'est plus un mastodonte égrotant, saisi de fièvres saisonnières, mais un prédateur de métal, pourvu d'appendices trancheurs, coupeurs, batteurs et tamiseurs et dont le corps, en plein effort, est à peine parcouru de fines vibrations. C'est un prédateur boulimique qui ne laisse rien à glaner. Devant lui, le blé flavescent. Derrière lui, le chaume évanescent. Nous voici bien loin du faucheur de jadis avec sa pierre à faux, loin du moissonneur avec ses chevaux, loin aussi des engins mécaniques d'avant-guerre happant les tiges en ruminant leurs longues bouchées d'épis. De nos jours, les blés meurent d'une mort mécanique, quasi instantanée, comme les animaux dans les abattoirs. En un clin d'œil les épis sont fauchés, ramassés, avalés, convoyés, battus, les grains tamisés, répartis dans les récepteurs. Sur les scènes champêtres où chaque été se joue la mort du blé, l'euthanasie a remplacé l'antique apocalypse.

Quand on pense aux moissons d'antan, rien de plus saisissant que de voir aujourd'hui opérer une moissonneuse. Tout – ou presque tout – est automatisé, à part la conduite qui s'effectue, sur les modèles les plus récents, dans une cabine à air conditionné, équipée d'une foule de voyants pour signaler la moindre anomalie. La carapace de l'herbivore métallique cache une suite d'organes complexes et subtils, réglables, ajustables à tous les types de récolte. Sur tel modèle récent, dont les performances et la perfection eussent tiré des cris d'admiration – ou de désolation – à Cérès en personne, il est noté que « l'insertion hélicoïdale des doigts escamotables sur toute la longueur de la vis régularise l'alimentation » et que cette coupe, bien qu'ayant une fréquence élevée, « s'opère en silence et sans la moindre vibration ».

Tout cela : ingestion des épis, battage, secouage, tamisage, s'effectue, c'est vrai, dans un quasi-silence. C'est à peine si, au cœur de l'effort, on perçoit un fin frémissement, un doux ronronnement dans les flancs de l'herbivore tandis qu'inexorable, il tonsure la crinière des blés pour laisser derrière lui la calvitie des chaumes.

Les moissons d'aujourd'hui ne suscitent plus ce théâtre rural, ces liesses, ces festivités, ces affairements, ces déploiements de travailleurs autour du corps de la batteuse, ces grands repas champêtres après l'engrangement fiévreux des grains. Menées, jouées de nos jours par une troupe réduite à quelques travailleurs aux gestes programmés, elles se déroulent dans le quasi-silence des hommes et des machines et la placidité des herbivores métalliques, ruminant posément leurs rations d'hectares et de tiges. Voilà ce que sont aujourd'hui les moissons : la mise à mort silencieuse et quasi machinale des épis et des céréales, perpétrée sans témoins et presque sans acteurs dans la vaste arène des champs.

Mégahertz

À Georges Peyrou

MAGIE des voix captées, des voix captives. Magie des ondes capturées, des réceptions fantômes au cœur des récepteurs : on tourne un bouton, quelqu'un parle, on le tourne à nouveau, il se tait. Depuis que la radio a remplacé la TSF et que les transistors ont succédé aux récepteurs superhétérodynes et aux postes à galène, la magie a disparu pour devenir banalité. Qui s'étonne aujourd'hui, qui s'extasie, qui s'émerveille – ou qui s'effraie – qu'une voix inconnue s'introduise la nuit jusque dans votre chambre ? Une voix inconnue mais docile, soumise à vos volontés : intruse, vous pouvez la bannir sur-le-champ ; complice, vous la gardez aussi longtemps que vous voulez. Dans ce pouvoir d'évoquer, convoquer, révoquer tour à tour les mille voix du monde ont résidé longtemps l'attrait et le mystère de la radio. Mais ils ont fini eux-mêmes par s'émousser au point qu'aujourd'hui ces voix, ces musiques, ces cris, ces appels, ces rires, ces soupirs radiophoniques font partie de nos sons et même de nos bruits quotidiens. La fée sonore est devenue un fond sonore.

Je n'ai pas connu le temps des postes à galène mais bien connu celui des récepteurs superhétérodynes dans lesquels « les oscillations de haute fréquence sont combinées avec celles d'un oscillateur local pour obtenir des oscillations de moyenne fréquence ». Notre poste était un engin massif en bois verni avec un haut-parleur orné de dessins modern style qui trônait sur un meuble spécial du salon. Mon père l'écoutait quasi religieusement deux fois par jour à l'heure des nouvelles (on ne disait pas encore informations) et lui seul avait le droit d'en approcher et d'en manœuvrer les boutons. C'est pourquoi j'attendais la nuit pour écouter en cachette les postes étrangers, dans un noir presque total juste percé par la lueur du cadran et celle du trèfle cathodique, œil magique dont les paupières vertes s'entrouvraient ou se refermaient selon que l'on s'éloignait ou que l'on se rapprochait de la station voulue.

Mon plus grand plaisir était de parcourir la gamme des ondes courtes pour essayer d'identifier les langues étrangères. J'ai passé des nuits à l'écoute de ces voix cosmopolites, souvent faibles, voire agonisantes, qui me parvenaient de stations aux noms aussi magiques qu'Alexandrie, Hilversum, Scottish R., Beromunster, Droitwich, Motala, Zeesen et Kalund Berg. Elles étaient comme les voix sacrées, les voix liturgiques de la nuit et les consonances étranges de beaucoup d'entre elles ne faisaient qu'augmenter le mystère. Il est vrai qu'on arrivait à deviner pas mal de choses au ton du speaker ou de la speakerine, neutre, appliqué pour les nouvelles, passionné, véhément, parfois même agressif pour les émissions de propagande. De nombreux parasites gênaient ces écoutes nocturnes surtout lorsque les voix venaient de loin, donnant le sentiment que pour parvenir jusqu'à nous, elles avaient dû surmonter mille obstacles : distances, orages, forêts, océans, brouillages, interceptions de toute nature. Si bien qu'elles me semblaient des voix miraculées. Vibrations, brisements, craquements parcouraient les ondes tels des frissons de fièvre imprévue, comme si l'espace soudain se déchirait ou explosait, faisant se dilater l'œil cathodique comme celui d'un cyclope en transe.

Lorsque, vaincu par le sommeil, je me résignais à aller dormir, je prenais bien soin de remettre l'aiguille sur le seul poste qu'alors nous écoutions, pour que mon père ne sache rien de ces voyages nocturnes au pays des ondines et des sirènes radiophoniques. Je remettais soigneusement l'aiguille sur le Poste parisien auquel nous demeurions rivés comme un bateau toujours à l'ancre. Mais déjà, en ces années de l'avant-guerre, le rêve cédait la place à la routine, la sirène à la speakerine, l'évasion prodigieuse à la propagande insidieuse. Déjà venait le temps où la TSF allait s'appeler la radio, les nouvelles devenir des informations, la fée sonore un fond sonore si familier qu'il allait partager nos jours à notre insu. Si familier et si peu mystérieux désormais qu'au lieu de nous entraîner au pays des fées et des fantômes, il nous rappelait chaque instant le présent et l'actualité.

L'actualité et les Actualités furent les grandes vedettes de l'avant-guerre à la radio et au cinéma. Dans ce dernier cas, on assistait avec une semaine de retard à la reproduction – à la répétition – des événements marquants de la semaine précédente. À la radio, l'actualité datait de la veille ou de l'avant-veille. Ainsi, le présent rattrapait-il impitoyablement nos jours et nos heures au point de se confondre avec eux, avec elles. Tourner le bouton du poste, ce n'était plus capter les fantômes et les fées mais la voix du présent et de sa sœur Actualité. Voix captées mais non plus captives. Voix qui se mêleront, s'uniront désormais pour devenir, demeurer aujourd'hui encore l'oracle quotidien qu'on nomme information.

Les lumières de la ville

LANTERNES, lampadaires, réverbères, candélabres, ampoules, globes, tubes et néons, de quels éclats, de quels éclairs embrasez-vous la nuit des villes, elles qui pendant des siècles ne connurent que l'obscurité ! Car jadis nulle lumière ne les éclairait et pour s'y déplacer après le coucher du soleil il fallait transporter avec soi son bougeoir, sa torche ou son flambeau. Siècles de dense, totale obscurité qui ne cessa qu'avec l'apparition des candélabres à chandelles. À la veille de la Révolution, l'écrivain Rétif de La Bretonne, qui parcourut les rues de Paris la nuit pendant dix-sept ans et se surnommait lui-même le Hibou ou Spectateur nocturne, écrit à propos des lumières de la capitale : « Autrefois, il était un instant de la soirée où les citoyens se trouvaient plongés dans une obscurité profonde. C'était le moment de la chute du jour et l'instant où les rues étaient extrêmement fréquentées. Les tristes lanternes munies d'une chandelle étaient en si grand nombre mais jetaient si peu de clarté qu'il fallait que tout fût allumé pour y voir faiblement… Autrefois les libertins cassaient les lanternes dans leurs courses nocturnes parce qu'elles étaient à la portée de la canne par leur peu d'élévation. Cet abus n'existe plus. Les cochers de tout étage respectent l'allumeur et le réverbère. »

Ces réverbères ou ces candélabres à chandelles durèrent jusqu'à l'invention du gaz d'éclairage, qui remplacera peu à peu les bougies. Puis viendra l'électricité avec la lampe à arc, la lampe à filament de carbone, les ampoules à filament de tungstène, enfin les tubes luminescents. Grâce à la découverte des gaz rares – argon, néon, crypton – et à celle des vapeurs de mercure naquirent Incandescence, Luminescence et Fluorescence. Avec elles, les nuits de nos villes sont devenues des jours sans fin, des soleils ininterrompus, des veilles de lumières et de couleurs : clignotements des milliers de réclames et d'enseignes, clignements de feux de croisement passant du rouge au vert en un cillement orange, scintillement des façades tout enfiévrées d'étoiles, étincellement des chaussées luisant sous la coulée des phares, irisation des rues dans la profusion colorée des néons. Jadis livides et sépulcrales, les capitales nocturnes sont devenues un théâtre de rues, de façades embrasées, de places illuminées, de monuments enluminés. Sans parler des vitrines où sous les spots et les sunlights, des milliers de mannequins figés répètent leurs poses, leurs parades et leurs pariades publicitaires. Eux aussi habitent et hantent les rues nocturnes, fantômes de cire désignés, dévoilés, démasqués par les projecteurs.

Avec Incandescence, Luminescence et Fluorescence, notre siècle a trouvé pour la nuit des villes des lumières et des fées nouvelles. A créé des milliers de soleils dociles, de lunes inépuisables. Inventé des minuits aussi radieux que des midis. Des ombres et des pénombres immaculées. Et des nuits aussi blanches que des étés arctiques.

Cimetières mécaniques

EMPILÉES, entassées, écrasées. Oxydées par les vents et rouillées par les pluies. Équarries, dépecées, cannibalisées avant d'être cassées, concassées, pilonnées par les hommes. Voilà le sort qui attend les voitures, toutes les voitures car rares sont celles qui finissent dans les musées ou qui meurent d'une mort solitaire. J'en ai vu quelquefois, c'est vrai, délaissées à l'orée des bois ou des champs, vitres et portières envahies par les mousses ou par les fougères, sièges squattérisés par le lierre ou le liseron, promises à la rouille bucolique des ronces. Mais la plupart meurent de mort accidentelle sur les routes, ou d'usure et de péremption dans les abattoirs des casseurs. Regardez-les alors, avant qu'on ne les presse ou qu'on ne les pilonne, ne manquez pas d'aller les voir. Rien ne vaut un pèlerinage en ces ossuaires mécaniques que sont les cimetières de voitures. Car là – et là seulement – on comprend que si l'homme vient du limon et retourne au limon, la voiture, elle, vient de la limaille et qu'elle retourne à la limaille.

Ainsi devrait débuter l'initiation des conducteurs : par une visite dans un cimetière de voitures. On verrait ainsi qu'une auto n'est rien d'autre qu'un agglomérat de fils et de ferrailles promis à une prompte usure. Voire à une péremption programmée. Car la ligne d'une voiture, victime de la boulimie des stylistes et des appétits de la mode, est souvent périmée à peine sortie d'usine. Aussi, bien des voitures finissent-elles dans l'enfer des ferrailles avant le temps de leur mort naturelle, c'est-à-dire mécanique. Oui, on devrait, pour les jeunes conducteurs, organiser des visites guidées et commentées en ces ossuaires dérisoires, tombeaux de nos délices et de nos délires mécaniques.

Toutes, elles gisent là, entrouvertes, fendues, impudiques, et à jamais stériles : une DS éventrée chevauche une Simca toute dépoitraillée étreignant une Peugeot toute dépenaillée. Autour d'elles, viscères rougis par l'air et par les pluies, fils, ressorts, tubes et rembourrages dégoulinent des capots crevés, des tôles défoncées, des phares énucléés, des tableaux de bord fissurés. Partout, des roues tordues et des pneus déjantés. Ici, des cylindres s'égaient en une champignonnière de soupapes, ailleurs une Renault exhibe ses entrailles où des restes d'huile et d'essence dessinent l'irisation de chairs décomposées. Écorchées vives, ces voitures. Mais ces débris, ces restes, ces loques, ces ferrailles, ces squelettes livrés aux fourmis et aux intempéries entassés en d'immenses et d'immondes charniers, méritent-ils le nom d'autos ? Si un jour vous allez visiter ces tombeaux, surtout ne croyez pas que ces voitures défuntes, démembrées, désarticulées, entassées pêle-mêle comme autant de trophées immolés sur l'autel des routes, soient les voitures des autres. Non, c'est votre voiture, votre future voiture qui gît là sous vos yeux, écartelée, disséquée, autopsiée par le vent et la pluie entre deux carcasses momifiées, orbites vides, gosier béant, sièges éventrés, ailes brisées, roues arrachées. Oui, c'est votre voiture, celle que vous avez eue ou celle que vous aurez. Car c'est ainsi qu'elle finira fatalement, en quelque charnier banlieusard ou champêtre, c'est ainsi que finissent inévitablement toutes les voitures : empilées, entassées, écrasées, oxydées par les vents et rouillées par les pluies, en ces ossuaires dérisoires où gisent les carcasses de nos rêves et de nos délires mécaniques.

Les merveilles du monde

J'ai mangé beaucoup de chocolat dans mon enfance et mon adolescence. Parce que j'aimais le chocolat bien sûr et parce que dans les tablettes de certaines marques, on trouvait des images qu'on pouvait ensuite coller sur des albums. Ces images, je les ai collectionnées des années durant et j'ai pu remplir grâce à elles trois albums intitulés *Les Merveilles du monde*. Chaque album ayant 35 pages, chaque page 12 images et chaque tablette une seule image, j'ai donc mangé ces années-là 1 260 tablettes de chocolat, sans compter celles qui n'avaient pas d'images. Le goût du chocolat a disparu depuis longtemps mais pas celui des vignettes qui l'accompagnaient. J'ai conservé ces trois albums que je relis souvent car je leur dois mes premières découvertes du monde, de la nature, des voyages et des autres peuples mais aussi des pouvoirs de l'écriture et des images.

Les Merveilles du monde constituaient le plus beau floraire, bestiaire, lapidaire, le plus beau promptuaire des choses et des curiosités de la nature et de la vie. Certaines images me sont restées en mémoire d'autant plus vivement que les textes qui les accompagnaient étaient eux-mêmes de grande qualité, sans ce ton bêtifiant ou pontifiant que prenaient alors les adultes qui s'adressaient à des enfants. Rien de scolaire, donc, en ces images ni en ces textes, mais une initiation simple et souriante aux merveilles de la nature, révélée souvent sous ses aspects les plus insolites, inattendus comme « Les oiseaux anthophiles » (oiseaux de paradis), « Les insectes bizarres », « L'ingéniosité des araignées », « Têtes d'insectes » (une des planches les plus drôles car ces têtes d'insectes agrandies ressemblaient à celles de bien des adultes), « Lumières vivantes » (une planche sur les poissons lumineux des abysses qui inspira une partie de mon livre *Le Pays sous l'écorce,* écrit cinquante ans plus tard), « Animaux transparents », « Poissons fabuleux », etc. La nature était représentée par des planches comme « Au berceau de la vie » (qui déclencha en moi un goût immodéré du microscope), « Fleurs géantes », « Types de paysages », « Le monde des nuages », « Crépuscules et jeux de lumière », « Le monde polaire », etc. On y trouvait aussi des planches sur le monde moderne et ses différentes inventions comme « Les chemins de fer de montagne », « L'âge des transports », « Engins de levage », « Anticipations », où dès les années 1932-1933 on vantait l'énergie solaire et éolienne. L'anthropologie et les différentes races étaient représentées en des planches plus naïves, plus sommaires aussi, car le sujet s'avérait délicat. Cinq planches traitaient des races et des coutumes sous les titres : « Les races humaines », « Scènes de la vie indienne », « Masques de danse chez les primitifs », « Peuples en voie de disparition » et « Chez les anthropophages ». La planche sur les peuples en voie de disparition me tirait les larmes des yeux car bien sûr le texte ne précisait pas à quelle date exacte ces peuples allaient disparaître ! Je croyais les voir déjà mourir sous mes yeux comme ce vieil Aino de la presqu'île de Sakhaline avec son regard éploré ou ce nain des Nouvelles-Hébrides, assis sur un tronc d'arbre, accablé par sa proche disparition.

La planche sur les races humaines présentait une galerie de douze portraits. Elle était évidemment très schématique mais on ne pense guère à cela quand on est enfant, je veux dire on ne pense jamais à ceux qui n'y figurent pas. Le premier portrait représentait une jeune femme nordique avec cette légende : « type pur du Nord ». Les autres étaient ceux de différentes ethnies noires, rouges et jaunes. À vrai dire, je ne trouvais pas de grandes différences – mais au contraire bien des ressemblances – entre ces visages exotiques et ceux que je côtoyais tous les jours. L'épicière de notre quartier, par exemple, ressemblait à s'y méprendre à la vieille Tasmanienne de l'image n° 8 et la jeune fille esquimaude de l'image n° 11 à ma première institutrice. À l'exception de l'image n° 12 – un vieux Papou de Nouvelle-Guinée portant un os en travers du nez –, la plupart de ces visages me rappelaient les figures rencontrées quotidiennement dans les rues d'Orléans. Bien sûr, certains de ces indigènes – comme le Mélanésien de la figure n° 9, le nègre du Togo de la figure n° 3 – portaient des coiffures, des amulettes ou des tatouages que je ne risquais guère de rencontrer dans les rues de ma ville. Mais c'étaient là des détails secondaires qui ne changeaient rien à l'impression d'ensemble, à savoir que je ne voyais sur cette planche que des Orléanais un peu plus jaunes, rouges ou noirs, non des créatures exotiques et sauvages.

Malgré le culte qu'on leur voue aujourd'hui, les images comptent moins par elles-mêmes que l'âge et les conditions où on les voit pour la première fois. Certaines planches des *Merveilles du monde* feraient sûrement sourire de nos jours mais à l'époque, elles me firent réfléchir et rêver. C'est là le vrai rôle et la vraie vocation d'une image : provoquer la réflexion et susciter le rêve. Cette union et cette communion nécessaires, je les ai pressenties très tôt grâce aux *Merveilles du monde*. Car elles aussi, ces merveilles, s'annonçaient vulnérables et en voie de disparition comme l'okapi, le pangolin, l'ornithorynque, le paresseux (à trois doigts), le tatou (à six bandes) et le cératode (poisson marcheur) d'Australie. Et comme les peuples de la série 60 de l'album n° 2. Zoukaguire de Sibérie, petite Sénoï de Malaisie, jeune Wedda de Ceylan, jeune Indienne Ona de la Terre de Feu, habitantes du pays des pleurs et des images, n'avez-vous été que des ombres, dernières représentantes des merveilles disparues du monde ? Que deviennent les images quand on cesse de les regarder ? Que deviennent les peuples lointains quand on cesse de s'en rapprocher ?

En écoutant *Nuits* de Yannis Xenakis

COMPOSÉE en 1968, *Nuits* est une œuvre musicale écrite pour douze voix d'hommes et de femmes chantant *a capella*. Xenakis a dédié cette œuvre aux prisonniers politiques du monde entier et nommément à des prisonniers grecs, espagnols et portugais. Depuis ma première écoute de *Nuits*, ces voix n'ont cessé de résonner en moi comme si les ombres, toutes les ombres qui partout sur terre enferment, isolent et dénudent l'être humain avaient ici trouvé leurs cris exacts.

Au début, appels de louves, réponses de loups dans les espaces, les antres de la nuit. Jappements brefs ou longs devant les étoiles absentes, jappements sauvages de la servitude. Puis l'antre devient grotte, bouche d'ombre d'où ruissellent les plaintes, d'où jaillissent des cris d'hommes. Antiphonaire des femmes qui supplient, les unes voilées, les autres nues sur la rive sans écho du Styx.

Cris plus longs maintenant, plus maintenus, plus modulés. Psaumes réinventés. Nuit réinventée par les cris. Troupes, groupes d'humains, de voix, d'appels, murmures en cohortes, cortège de mugissements. Hordes et cordes vocales tissant une cantate primitive, paroxysme des litanies, clameurs immolées sur le vide.

Et soudain, piaillements de musaraignes affolées, de bêtes terrorisées par l'éclipse des astres. Voix peu à peu détonnées, déphasées à mesure que le soleil se voile. S'obscurcit. S'occulte. Que le soleil s'éclipse. Geôles aux murs noirs comme des orgues de basalte. Geôles où semblent voler, crier des chauves-souris désemparées. Ultrasons de l'ultime détresse.

Puis, accalmie, atténuation des plaintes. L'ombre orchestre les derniers souffles. Expirations devant le mutisme de l'aube.

Nuits : chant de l'homme oublié, occulté.
Nuits : cantate de tous les êtres éclipsés.

L'image de l'univers

En 1925, l'univers n'était encore qu'un infini minuscule. Quelques milliers d'années-lumière suffisaient à le parcourir. Cette année-là, l'astronome américain Hubble établit définitivement la nature extragalactique des nébuleuses et Shapley, autre astronome américain, démontra que le Soleil (notre Soleil) n'occupait nullement le centre de la Voie lactée mais une place excentrique et tout à fait quelconque. 1925 fut donc l'année d'une double révélation : celle de l'immensité de l'univers et celle de notre insignifiance galactique.

Quelques années plus tard, en 1929, le même Hubble découvre la récession des nébuleuses et l'expansion de l'univers. L'univers n'est pas seulement immense mais continue à chaque instant de s'agrandir. Et comme fouiller les profondeurs de l'espace équivaut à fouiller celles du temps, chaque observation, chaque mesure des dimensions de l'univers revient à se rapprocher de son commencement. La lumière du quasar 3 C 9, un des plus lointains des quasars connus, met cinq milliards d'années-lumière à nous parvenir. C'est une véritable lumière fossile, contemporaine de la naissance de notre Terre.

Aujourd'hui le nombre de galaxies se compte par milliards. À l'image simpliste des siècles passés – et même des débuts de ce siècle – s'est substituée une vision inattendue de l'univers. D'abord celle d'un grand ballet cosmique auquel participent notre Terre et notre Soleil, non comme danseurs étoiles mais comme simples figurants ! À raison de 30 kilomètres par seconde, la Terre tourne autour du Soleil qui entraîne notre système à 230 kilomètres par seconde autour du centre de la Voie lactée, laquelle nous emmène à raison de 90 kilomètres par seconde vers la nébuleuse d'Andromède, laquelle est attirée vers l'amas de la Vierge à raison de 600 kilomètres par seconde, lequel amas, avec ceux de l'Hydre et du Centaure, semble dériver vers une agglomération de galaxies que, faute d'informations supplémentaires, on surnomme pour l'instant « le Grand Attracteur » !

Le Grand Attracteur ! Voilà une découverte qui eût ravi Empédocle, ce philosophe et astronome grec qui expliquait, il y a trente siècles, que les planètes et les étoiles subissent la loi du désir et de l'attraction. Voilà aussi une expression qu'on ne risquait guère d'employer en 1925 pas plus d'ailleurs que de prononcer avec respect le nom d'Hipparque, astronome grec de l'Antiquité mais aussi abréviation du satellite High Precision Parallax Collecting Satellite (satellite collecteur de parallaxe à haute précision) qui, en 1990, mettra sur orbite un télescope spatial permettant de déterminer avec une précision jamais obtenue jusqu'alors la distance d'un grand nombre de nébuleuses et, partant, l'âge de l'univers.

Comme il s'est agrandi et comme il a vieilli cet univers, depuis 1925 ! En cinquante ans, il a pris plusieurs milliards d'années supplémentaires. Et surtout il a commencé de livrer son visage et sa structure cosmiques, au point qu'un astrophysicien moderne, Trinh Xuan Thuan, peut écrire dans son livre *La Mélodie secrète*, à propos des récentes découvertes : « Le paysage cosmique qui apparut fut des plus étonnants et des plus inattendus. Les superamas de galaxies, les plus grandes structures connues, au lieu d'être sphériques, avaient la forme tantôt de crêpes aplaties, tantôt de longs et minces filaments. L'épaisseur des crêpes, de quelque 40 millions d'années-lumière, était de l'ordre du cinquième de leur diamètre. Les filaments, eux, pouvaient traverser l'espace sur des distances de centaines de millions d'années-lumière. Mais la grande surprise fut la découverte de grands vides dans le cosmos, de grandes régions de dizaines d'années-lumière complètement démunies de galaxies. » Le plus étonnant, c'est que ces vides gigantesques « semblent emprunter la forme de grandes cavités sphériques donnant l'impression d'énormes bulles de savon à la surface desquelles seraient situés les superamas-crêpes et les filaments ». Si bien que la topologie finale de l'espace « est semblable à celle d'une éponge ». Des crêpes géantes (vraiment géantes) entourées de vides reliés entre eux comme des parois d'éponge : voilà enfin la réponse à la question si longtemps posée de la forme de l'univers. Cette réponse ressemble davantage à un conte boschiman ou à un mythe polynésien qu'à une communication scientifique. Vous doutiez-vous que nous vivions, tournions et dérivions dans un monde de crêpes, de filaments, de vides et d'éponges ? Le saviez-vous que nous n'étions qu'un fil, à peine un fil et même moins qu'un fil dans la texture spongieuse de la grande tapisserie cosmique ? « Un merveilleux patchwork ! » conclut Trinh Xuan Thuan pour désigner l'immense tissu nocturne des étoiles. Cinquante ans : il fallut à peine cinquante ans pour que l'univers passe de la Voie lactée à la tapisserie cosmique, du simple boulier d'étoiles au céleste patchwork. Je suis heureux que l'univers ait progressé ainsi. Je suis heureux de l'avoir – très modestement – accompagné dans sa croissance. Je suis heureux d'apprendre que j'ai grandi entre les fils d'une tapisserie cosmique dont les dessins m'émerveillaient déjà lorsque j'étais enfant. Je suis heureux de savoir depuis peu que, *Homo sapiens* et Terrien planétaire, je ne suis plus un roseau pensant mais une fibre pensante. Et très heureux aussi de savoir que Dieu, s'il existe, n'est plus un Dieu-potier, un Dieu-maçon mais un Dieu-tapissier.

ÉTONNEMENTS D'UN PROMENEUR SOLITAIRE

Textes inédits

Jacques Lacarrière chez lui, à Sacy (Yonne). Photo prise par Laurent Brunet pour la revue *Lisières* le 12 avril 1998.

À Jean-Pierre Luminet et Basarab Nicolescu, incorrigibles « étonnés », insatiables arpenteurs de l'infini, du ciel, du réel et de l'improbable.

Le bel et vivace aujourd'hui

NOTRE après-guerre a condensé dans les semaines clôturant le printemps et annonçant l'été les fêtes qui autrefois se répartissaient tout au long de l'année.

Nos loisirs obéissent eux aussi à ces migrations saisonnières qui marquent notre époque. Ils ont un début, une fin, un avant, un après. Comme ces réjouissances programmées entre deux absences de jouissance. J'y songe d'autant plus que je viens de terminer la lecture du livre de Georges Dumézil intitulé *Fêtes romaines de l'été et d'automne* qui démontre à quel point les Romains eurent l'art et la passion des jeux et des festivités. Mais ces fêtes n'étaient pas, comme celles d'aujourd'hui, de simples parenthèses de liesses et de loisirs entre les temps morts de la vie, elles étaient un tissu vivant impliquant et imbriquant la trame des dieux et la chaîne des hommes en une continuité sans faille. La fête continuait en sourdine et comme en filigrane les moments profanes de la vie, sans coupures radicales, sans lendemains amers. Car aujourd'hui, une fois finies, les fêtes nous laissent aux problèmes et aux contraintes retrouvées de la vie quotidienne, sans les porter de leur mémoire ou de leur espérance. Elles apparaissent de plus en plus comme une restauration, une réanimation de joies moribondes, une ultime survie insufflée par des moyens artificiels.

J'aime trop les fêtes pour ne pas souhaiter qu'elles meublent d'autres moments que les jours éphémères des loisirs, qu'elles redeviennent comme autrefois consubstantielles à notre vie. Mais à quoi bon rêver ? Les fêtes n'échappent pas aux lois de notre temps et reflètent notre propre visage dans le miroir d'un passé révolu.

Alors qu'en est-il donc, du bel, du vivace et du vierge aujourd'hui ? Notre aujourd'hui – et donc notre demain – sont de moins en moins vierges puisque de plus en plus violés par les futurologues. Qu'au moins alors notre présent nous appartienne, et qu'il retienne en lui le temps fertile de la vie – en ce temps des dieux autrefois capturés par le réseau des hommes – qui donne à l'éphémère comme un goût d'immortalité.

Immortalité ! Le mot est lâché ! Voici donc, si nous étions conséquents vis-à-vis de nous-mêmes, ce que nous devrions faire de nos étés, ce qu'aucune agence touristique ne nous proposera jamais : un voyage jusqu'au pays des Hespérides. Là où les fruits d'or, les oranges avaient un goût d'immortalité. Et aux modernes Héraklès qui voudraient tenter l'aventure, on pourrait au moins proposer ce slogan : *Les oranges que vous y cueillerez ne contiennent pas de diphényl.*

Ne lâchons pas la proie du soleil et des mers pour l'ombre de l'ordinateur

L'A-T-ON assez dit et répété à satiété que le siècle à venir[1] (le nôtre, celui qui vient de commencer) serait religieux ou ne serait pas. Ou, selon une autre version, serait spirituel ou ne serait pas. Il sera peut-être l'un ou l'autre, encore que le chemin pris depuis quelque temps, en matière religieuse, avec les affrontements et les massacres perpétrés un petit peu partout, mène plutôt vers l'Enfer que vers le Paradis. Mais je n'ai pas l'intention de jouer à mon tour au prophète. Puisque ce monde existe encore, en dépit de toutes les prédictions apocalyptiques des faux prophètes, on peut espérer, j'en suis même certain, que le siècle à venir sera aussi et surtout le siècle des voyages. Mais de quels voyages ?

La question eût semblé incongrue il y a encore quelques années, mais elle a son sens aujourd'hui :

1. Ce texte a été écrit en mars 2000. (NdE)

voyages réels ou voyages virtuels ? Jusqu'alors, en matière de choix, ce dernier était simple : voyage réel ou voyage rêvé. Colomb, Magellan, Cook, Bougainville ou Homère, Swift et Jules Verne. Aujourd'hui, l'apparition du virtuel vient ajouter aux voyages une troisième dimension, virtuel ne se confondant pas avec imaginaire. Ce monde virtuel devient de plus en plus présent, devient même la substance la plus novatrice des ondes et des programmes de nos télévisions. Mais il opère aussi partout ailleurs, sur l'écran de l'ordinateur ou les réseaux de l'Internet. Le virtuel est en train de construire jour après jour, image après image, un monde parallèle au nôtre. Alors, on peut poser la question autrement : voyages réels ou voyages parallèles ?

Ne nous affolons pas néanmoins : il est toujours possible de partir sur les routes, sur les rails, sur les mers, dans les airs et même, si l'on y tient absolument, sous les mers et sous la terre. Il est aussi toujours possible de voyager chez soi dans les livres et dans les gravures. Mais on peut aussi désormais voyager chez soi sur écran. C'est là l'apport de ce siècle. Je ne sais ce qu'en aurait pensé Rimbaud et Baudelaire, mais comme il serait hasardeux de leur demander leur avis, je propose très modestement le mien :

J'espère, je souhaite de tout cœur que l'écran de voyage s'ajoute au livre de voyage, s'ajoute même au vrai voyage, mais sans jamais les remplacer. Vœu pieux ou spirituel ? On le saura très vite. En tout cas, nulle déploration n'est de mise, surtout quand il s'agit d'exploration (dont je me rappelle que l'étymologie vient du latin *ex-plorare*, « pleurer hors de chez soi ». On désignait ainsi, à Rome, quand un siège s'éternisait devant une ville à conquérir, des volontaires, en général esclaves, auxquels on coupait le nez et les oreilles et qui allaient pleurer sous les remparts de la ville. En les voyant dans cet état, on leur ouvrait les portes et, une fois à l'intérieur, ils s'arrangeaient pour livrer la ville aux assaillants. Je propose néanmoins sous toute réserve cette curieuse explication).

Mais revenons à nos virtualités. Tout voyage virtuel est un voyage par procuration. Comme le deviennent de plus en plus les actes courants de notre vie : voyager, mais aussi voter, acheter, jouer en Bourse, vivre même. Tout sauf mourir, ce qui eût été le seul et précieux avantage. Voyager par procuration présente aussi quelques avantages : une tempête en mer sur écran ne risque pas de vous mouiller ni un naufrage virtuel de vous engloutir.

Pourtant, en matière de voyage, pour ma part, je préférerai toujours les ondes naturelles aux ondes électroniques ; je préférerai toujours le vent, fût-il violent, avec ses bouffées d'iode et ses paquets d'embruns, aux tempêtes sur écran ; oui, je préférerai toujours l'odeur des vrais voyages ou l'odeur vraie des voyages.

Il n'y a, au terme de ces réflexions, aucune moralité apparente ou impérieuse à en tirer. Si ce n'est peut-être ces souhaits, voire ces résolutions, émis en ce début de siècle : ne lâchons pas la proie des routes et des rivages, la proie des mers et des montagnes, la proie du soleil et des sables pour l'ombre de l'écran et de l'ordinateur. J'ai eu beau regarder récemment les bords de mon écran très attentivement, juste après un voyage mouvementé aux îles de l'Atlantique, en images réelles celles-là, oui, j'ai eu beau le regarder attentivement, je n'y ai décelé ni trace de sel ni débris d'algues. Ne lâchons pas la proie du réel – fût-il dur et rugueux à étreindre – pour l'ombre – fût-elle séduisante – du virtuel. Ou, du moins ne la lâchons pas tout entière. Réel et virtuel ne s'opposent pas à la façon du réel et de l'imaginaire – car des deux nous avons besoin – mais à la façon du réel et de l'illusion. Nuance. Que le siècle à venir ne soit pas au moins celui des voyages illusoires.

La Seine, miroir de notre avenir

Les fleuves sont une véritable aubaine pour les villes. Au siècle dernier[1], un brave évêque français s'émerveillait des attentions de la Providence qui faisait toujours passer les cours d'eau là où étaient les villes… À mon tour, en ce doux matin où je me suis décidé à parcourir à pied la capitale, je constate et m'émerveille : Dieu ne s'est pas contenté de faire passer la Seine à Paris, il l'a menée jusqu'au pied de Notre-Dame ! Il s'est même arrangé pour qu'elle traverse l'endroit appelé Front de Seine et, plus loin, pour qu'elle passe à Neuilly, juste à deux pas des gratte-ciel de La Défense. Quelle prévoyance ! Ainsi une harmonie indéniable, subtile, quasi céleste émane de cette ville. Autre avantage des fleuves : les monuments édifiés sur leurs bords peuvent s'y refléter. En faisant passer la Seine à Paris et plus particulièrement au pied de Notre-Dame, du Louvre, de la tour Eiffel et du Trocadéro, la Providence a fourni à la Cité un

1. Ce texte a été écrit en novembre 1986. (NdE)

fil d'Ariane pour suivre son histoire et un miroir pour la remémorer et l'admirer.

Une grande ville, c'est presque toujours une juxtaposition hétéroclite de siècles et de styles. Toutes les époques s'y côtoient, y cohabitent avec plus ou moins de bonheur. Elle y forme un grand jeu de patience dont les cubes et les figures se suivent sans se ressembler, parfois même sans coïncider. C'est cela, une vraie capitale, et c'est pourquoi Paris n'est pas Romorantin, Richelieu, Saint-Amand-Montrond. Mais, en revanche, Romorantin, Richelieu ou Saint-Armand-Montrond, voire Clochemerle existent dans Paris. En ce matin où le vent fait frémir les platanes de Bercy, je me rends compte à quel point Paris recèle des fragments de Romorantin, un abrégé de Richelieu, des miettes de Saint-Amand et, au moins, une parcelle de Clochemerle. Vaste kaléidoscope où se succèdent et se chevauchent un Paris catholique, protestant, classique, romantique, alchimique, rationaliste, impressionniste, surréaliste et bientôt futuriste, miroir de la sagesse ou des délires des architectes.

Paris est la plus belle des villes de province. Elle en a tour à tour les rigueurs, l'harmonie ; mais aussi les tristesses et l'uniformité. Elle a, comme elles, des places et des ruelles, des avenues et des impasses, des marronniers et des jeux de pétanques. Mais en tant que capitale, c'est en elle, bien souvent, que la province expérimente le futur. Voilà pourquoi la Providence fait passer la Seine à Paris, de Bercy jusqu'à La Défense : elle est le miroir de notre avenir.

Je marche, je regarde, je hume, je m'arrête, je tente de traverser la chaussée, j'y renonce, je ferme les yeux, je les rouvre, j'observe le flot ininterrompu des voitures dans les artères de la ville. Je profite d'une thrombose – je veux dire d'un embouteillage – pour me faufiler parmi les globules mécaniques immobilisés, j'atteins un trottoir au-dessus duquel s'élève le Parc omnisports de Paris. Première étape de mon itinéraire Bercy-La Défense par le chemin des écoliers. À peine quittées les rives de la Seine, en grimpant le large escalier vers l'esplanade du Parc, je franchis allègrement quelques siècles en quelques marches. Au pied, les rumeurs quasi préhistoriques de la cité : sirènes des péniches, klaxons des voitures, grondement du métro aérien. Ici, soudain, le silence. Le Parc est vide, fermé aujourd'hui. Juste devant moi, le grand bâtiment abritant les stades et les matériaux du présent : béton, acier, verre, poutrelles. La pierre est pratiquement absente, sauf sur le sol. Les couleurs sont vives, criardes : vert printemps, bleu cobalt, jaune canari.

Cette alliance des poutrelles apparentes et des surfaces vitrées confère aux masses et aux volumes une étonnante légèreté. On a le sentiment que l'espace est partout, pas seulement à l'extérieur. Tout devient poreux entre le dehors et le dedans. C'est une des conquêtes de l'architecture d'aujourd'hui que d'avoir supprimé les murs en tant qu'écrans, mêlant ainsi intérieur et extérieur en une lumière unique. Seule cette esplanade appartient au présent. Tout autour, ce ne sont que vestiges d'un monde ancien : bâtiments en cours de démolition ou en état d'hibernation où survivent les allées aux noms fleurant bon les provinces vinicoles : les Corbières, le Minervois, le Mâconnais, le Beaujolais... Pour un peu, on y surprendrait un octroi fantôme et des douaniers rubiconds. Le vieux Bercy demeure en place comme une carte postale 1900 égarée dans une revue de science-fiction. Du haut de l'esplanade, je suis exactement à l'orée de deux mondes, sur la ligne de partage entre hier et demain : les relents passéistes des allées de Bercy et l'odeur aseptisée de l'avenir. Et malgré ma marche buissonnière, je constate que je n'ai vu jusqu'à présent aucun buisson.

À Paris, le futur est toujours à l'ouest. Je veux dire que le développement de la ville s'est effectué selon un axe est-ouest. Prenez un plan et constatez. Le château de Vincennes, en grande partie reconstruit fut, sous Philippe Auguste, au XIIe siècle, la plus ancienne des forteresses parisiennes. En longeant la Seine jusqu'à Notre-Dame, on traverse l'âge d'or médiéval du XIIIe siècle. En poursuivant vers l'ouest, on rencontre la Renaissance et le Grand Siècle dans le Louvre, le Premier et le Second Empire aux Tuileries, le XIXe siècle devant la gare d'Orsay et sous la tour Eiffel, le XXe au Trocadéro et le XXIe à La Défense.

Chaque fois que l'on éventre le sol pour édifier quelque bâtiment du futur, on se heurte aux traces du passé. La pyramide de verre qui doit occuper le centre de la cour Napoléon du Louvre n'est encore qu'une fosse immense où s'affairent côte à côte futurologues et archéologues, toutes passions mêlées. Ces grands chantiers – et tout futur commence par un grand chantier – me fascinent autant que les paysages et les foules grouillantes de Bruegel : un peuple de fourmis s'active sur les épures d'une ville invisible, dans un magma de boues préhistoriques et une forêt de grues aux gestes lents de dinosaures, poussant de temps à autre de longs cris déchirants. En arrivant en vue de l'ancienne gare d'Orsay, depuis le Louvre, j'ai bien dû laisser derrière moi quelques décennies d'histoire. Passé, présent et futur sont liés ici comme les trois Grâces entre lesquelles Pâris (au nom prédestiné) eut tant de mal à faire un choix.

Ce matin, la Seine est capricieuse. Sur sa surface, le vent dessine de petites arabesques d'écume qui viennent mourir le long des péniches, dont certaines sont amarrées là depuis des temps immémoriaux, sans doute depuis l'arrivée des Vikings – à en juger par la blondeur scandinave de quelques occupants. Et elles portent des noms parfois évocateurs qui rappellent que Paris est aussi le havre des poètes : *Sextidi, Agapanthe, Falstaff, Gloria Mundi, Montjoie, Hélène de Sparte.* Marcher le long du fleuve, aujourd'hui, c'est se livrer à une course d'obstacles. Une grande partie des quais sert de voie express, une autre est occupée par les Sablières de la Seine.

Le sang circule mieux qu'hier dans les artères de la ville. Haut lieu des souffles et des vents, l'anémomètre exposé dans la vitrine de l'Office national de météorologie, à l'angle de l'avenue Rapp et de la rue de l'Université, indique un vent de vingt-sept kilomètres à l'heure au sommet de la tour Eiffel. Une brise ! Juste en quittant l'ONM, après avoir traversé le Champ-de-Mars et le boulevard de Grenelle, je débouche sur le Front de Seine, à la rencontre des premiers habitants du présent. On a ici un avant-goût des villes futures, toute une suite d'élans maîtrisés, programmés au cœur du vertical et du vertigineux. La preuve : les nuages, qui depuis quelque temps s'amoncellent, effleurent la tour Évasion 2000. Du moins, on le jurerait.

D'ailleurs tout porte à croire qu'on est entre ciel et terre : l'esplanade où je marche, immense sol artificiel construit à 6 mètres au-dessus du niveau normal et les noms des tours et immeubles (*Andromède, Orion, Cassiopé, Pégase, Bérénice, Centaure*). Et une fois de plus, le blason des matériaux modernes. On a fait un effort évident pour éviter la monotonie en variant les volumes, les hauteurs, la forme et la surface des fenêtres, la nature des revêtements, la couleur des façades. Malgré tout, les humains sont écrasés au pied de ces élancements gigantesques. Ils sont miniaturisés. Sentiment nouveau, tout à fait propre à notre temps, car nos ancêtres ne devaient guère l'éprouver, sauf devant les cathédrales, conçues précisément pour faire sentir à l'homme sa petitesse face au divin.

Mais les grandes tours aux noms d'astres ou de constellations grimpent vers un ciel vide. Elles ne désignent que leur propre prouesse, ne célèbrent, vers les hauteurs, qu'une élévation purement profane. Sans doute est-ce pour cela que leurs surfaces de verre renvoient à la voisine sa propre image, déformée comme en quelque musée Grévin des façades, un jeu de tours de Babel où l'on entend toutes les langues, où l'on croise toutes les ethnies. À l'instant où j'arrive sur l'esplanade, trois Maghrébines entièrement voilées passent devant la grande céramique du peintre Olivier Debré, une comète bleue sur fronton blanc.

Il y aurait un manuel ou un guide à écrire sur la façon de vivre aujourd'hui dans ces tours-immeubles de l'an 2000. On édite bien des guides archéologiques pour enseigner comment s'immiscer discrètement dans le passé ! Mais comment s'immiscer humainement dans l'avenir ? Comment apprendre la vie verticale ? Il faudrait un chapitre intitulé « Du bon usage de l'ascenseur » ou « Des tours et des animaux domestiques ». Seule une longue occupation des lieux permettrait d'analyser les avantages et les inconvénients de la vie verticale dans les vitres et les reflets. L'unique ménagère rencontrée ce matin-là au Front de Seine a répondu à ma question d'une façon inattendue : « Non, monsieur, il n'y a aucun problème particulier, si ce n'est pour les amnésiques. » Dame, si vous vous retrouvez dans votre quarantième étage, vos courses faites, et que vous avez oublié les allumettes... Apprendre à vivre dans le futur oblige donc d'abord à renforcer sa mémoire.

Assur : voilà le premier mot, ou plutôt le premier sigle, que j'aperçois au sommet d'une tour quand j'arrive à La Défense en venant du pont de Neuilly. Le plus récent et le plus vieux des mots. Ici, il désigne en abrégé quelque compagnie d'assurances, mais il désigne aussi l'une des plus vieilles villes du monde, édifiée il y a quarante siècles dans les sables de Mésopotamie et devant laquelle la Providence de ce temps-là eut la bonté de faire passer le Tigre. Mais c'est bien la seule référence au lointain passé en ces endroits où, délibérément, on lui tourne le dos. Ce lieu, cette cité, cette Défense, j'y ai flâné toute la journée, aux hasards des grands espaces, des tours et des bassins. Ici, on a vu loin parce qu'on a vu grand. Espace et temps y sont aussi indissociables que dans le plus einsteinien des cerveaux. Et il faut reconnaître qu'on peut voir là, aux portes de Paris, non plus un simple bâtiment comme à Bercy ni même tout un quartier comme celui de Beaugrenelle, sur le Front de Seine, mais une ville entière à l'assaut du futur : une ville installée sur l'axe Vincennes-Neuilly et qui prolonge désormais l'histoire de Paris jusqu'à La Défense ! Voire jusqu'à son point extrême : la future arche triomphale tout en marbre de Carrare, en cours d'édification.

Pour restituer l'impression immédiate éprouvée en abordant ces lieux, je me dis qu'il faudrait être ou Persan ou extraterrestre. « La Défense est un ensemble de bâtiments et de monuments des plus grandioses qui défient les lois classiques de l'équilibre et s'amusent à se refléter mutuellement », écrirait sans doute notre Persan à sa famille de Perse. Comme je ne discerne en eux ni pierre ni mur ni toit, je me demande vraiment comment ils tiennent. Ce sont des sortes de châteaux de verre avec ici et là de grands donjons tout transparents, si transparents qu'on voit bouger à l'intérieur ceux qui y sont ! Chacun porte un nom, souvent fort étrange pour des noms français : *Scor*, *Fiat*,

Technip, Ato, Winterthur, Rank Xerox. D'autres, au contraire, sont baptisés de noms connus comme *Les Dauphins* ; mais pourquoi un tel nom... Aussi loin de la mer ? À l'extrémité de ce qui semble être l'avenue principale, il y a une immense construction avec des voûtes ogivales : sans doute est-ce une église ou une école de théologie, car on m'a dit que s'y déroulaient des « séminaires ». Mais, à ce jour, je n'y ai vu aucun séminariste. Cette église ou école se nomme le CNIT. Et qu'aurait dit notre Persan devant les fontaines du bassin de *Yaacov Agam* (autre nom étrange) qui jaillissent suivant une programmation musicale ? Et qu'eût-il pensé des sculptures – remarquables pour des yeux modernes, ou extraterrestres – comme le *Lieu du corps* de Delfino et la fresque en céramique intitulée *Le Sculpteur de nuages*, œuvre d'Atila ? Oui, disposant ici de tout l'espace nécessaire, on a pu dilater le temps jusqu'au seuil du IIIe millénaire.

À l'extrémité ouest de l'ensemble, juste devant l'actuel chantier de l'Arche, si l'on regarde vers l'est en direction du tripode géant du *Scor* et de la masse bleutée de l'Élysée-La Défense, on découvrira instantanément le nouveau paysage urbain de ce Paris de l'an 2000. Mais pour mieux apprécier la nouveauté, l'originalité de cette vision, il faut d'abord congédier en soi les images du passé, oublier les pierres patinées par les siècles, les buis taillés dans les jardins publics et les statues neurasthéniques des squares. À ce prix, on entrera alors, sans heurt, dans le XXIe siècle, dans les visions, images, miroirs et reflets qui déjà l'évoquent et le dessinent. Car, malgré son nom, La Défense n'est pas le lieu des interdits. Invention et imagination y règnent en maîtresses. Ici s'expérimentent l'habitat et l'habitant de demain. Ici, on répète chaque jour le théâtre de l'avenir. Et sûrement qu'au siècle prochain, quelque évêque naïf s'émerveillera que la Providence ait songé à faire passer la Seine à La Défense, qui plus est, au pied d'un grand immeuble au beau nom de *Neptune*.

La ville aux bacs

Ils virent d'abord le ciel et la mer. L'un et l'autre se mêlaient encore dans la lumière de l'aube et les voyageurs eurent le plus grand mal à les distinguer : mêmes couleurs mouillées, blanches et bleues, même miroir éblouissant où les nappes de lumière se reflétaient à l'infini dans l'espace. Plus loin, on apercevait la terre, une terre ocre parcourue d'herbes, instable, eût-on dit, sous le vent et renvoyant le ciel par flaques. Et entre eux, étalées contre l'horizon, mêlées au sol, aux herbes, au ciel, ces formes rondes ou cylindriques qui les avaient tant intrigués. Les voyageurs étaient arrivés tard dans la nuit. Leurs yeux n'avaient perçu qu'une masse sombre dentelée de lumières, comme une constellation plaquée contre la surface de l'astre inconnu. Ils s'étaient rapprochés du sol, l'avaient touché : un sol granuleux, épais, solide, prêt à les supporter et supportant aussi ces grandes formes rondes qui les avaient guidés du haut du ciel. Plus loin, les feux brillaient, chantaient et respiraient. La nuit couvrait ce paysage d'un mystère plus intense que celui de l'espace car elle était peuplée de voix sourdes qu'ils ne comprenaient pas.

L'aube se leva et toute leur inquiétude disparut : cette lumière rose, ce ciel où traînaient des nuages, ce sol brun couvert d'herbes vertes, cet air frais parfumé d'ozone… Ils étaient sur la Terre. Un oiseau se posa près d'eux. Un autre se mit à chanter. La vie existait donc ici ? Ils se tournèrent vers les formes. Leur silence les déconcerta. Étaient-elles vivantes elles aussi ? Chantaient-elles ? Bougeaient-elles ? Ils allèrent vers elles, dans la lumière de l'aube, et s'arrêtèrent au pied de la première.

La forme était cylindrique, élancée, immobile. Elle portait à sa base une sorte d'œil apparemment fermé (elle dormait donc ?) et le long de ses flancs une strie gracieuse rayant sa surface comme une fine éraflure grimpant jusqu'au sommet. Arête dorsale ? Antenne ? D'autres formes prolongeaient les premières, silencieuses, elles aussi, alignées le long d'avenues menant vers la mer et le ciel. Quel départ vers quels astres, quel chemin mystérieux balisaient-elles ainsi ?

Leurs couleurs, surtout, intriguaient fort les voyageurs : blanches, bleues, vertes, ocre, rouges, reflétant à leur manière le ciel, la terre, la mer et l'eau. Peut-être est-ce là le décor d'un spectacle se déroulant à leur insu ? Entre-temps, le soleil avait gagné de la hauteur. Les couleurs s'animèrent, des ombres les parcoururent dessinant sur les formes d'autres formes plus sombres. Des spirales se déroulèrent dans l'espace, des bissectrices cherchèrent le ciel, de grands triangles émergèrent de la terre. Les voyageurs observèrent ce spectacle avec étonnement. Ils regardaient les ombres se déplacer avec lenteur, s'allier aux couleurs, aux flancs des formes selon les lois d'un jeu inconnu, accordé à celui du soleil. Soleil et ombres écrivaient sur ces claires surfaces les mots d'une langue qu'ils ne comprenaient pas. Au même instant, l'un des voyageurs arrêta ses compagnons d'un geste : là-bas, au pied d'un des cylindres, quelqu'un ou quelque chose les regardait.

L'homme se détachait sur le fond lumineux des formes. Il semblait venir des profondeurs de la terre, comme surgi du sol à l'instant même. Il s'approcha des voyageurs, leur parla. Sa langue était chantante et modulée. Et ce que l'homme leur disait les remplissait d'étonnement. Chaque mot était pour eux une mélodie étrange « ... Des bacs ; mais oui, ce sont des bacs ; les arêtes en spirale grimpant jusqu'au sommet, on les nomme escaliers ; les escaliers mènent au toit... Le toit couvre l'essence car elle est volatile... Oui, elle vient de la terre et voudrait s'en aller au ciel... Les bacs sont peints de couleurs claires et douces, comme l'aube ou le crépuscule. Le sombre ne leur convient pas. Le deuil ne convient qu'aux asphaltes. Ici, à midi, le soleil est comme un œil rond sur nos têtes et la lumière devient fournaise. Et les blancs, les gris, les argents, les verts tendres, les jaunes n'aiment pas la fournaise. Ils la renvoient là d'où elle vient, dans l'espace... » Et il montra d'un geste l'étendue du ciel bleu où l'air tremblait déjà. Puis son bras descendit vers la terre, désigna plus loin, à l'orée des cylindres, quatre autres formes montées sur quatre pieds, comme des atomes munis d'échasses. « ... Ces sphères blanches et rondes sous vos yeux, blanches et rondes sur leurs pieds bleus, contiennent des gaz liquéfiés : butane, propane – propane, butane... » (Il chante vraiment comme un oiseau, pensèrent les voyageurs.)

Plus loin, une ville dressait ses maisons minces, ses tours, ses minarets graciles. De fines passerelles couraient de l'un à l'autre, projetant sur le sol leurs vanneries entrelacées. L'homme parlait toujours mais sa voix provenait assourdie par les bruits de la ville. Ils saisirent des mots vivants : « Le cœur des choses... les échangeurs... d'autres artères sous le sol... haute tension... les bacs respirent davantage en été... » Pendant ce temps, la ville frémissait, ronronnait. Les voyageurs y virent peu d'habitants. Juste à l'orée des passerelles et des artères, la tête de la ville enregistrait ces battements, ces pulsations. Des neurones dessinaient leurs tamis de lumières. Plus bas, des stylets imprimaient sur la matière blanche des cellules les chants et les cris de la ville. Les voyageurs notèrent aussi ce langage. Pour le comparer à celui de l'homme et des oiseaux.

Quand ils quittèrent la salle de contrôle, le soir commençait à tomber. Les formes et les cylindres mêlaient leurs spirales, confondaient leurs lignes et leurs ombres. Un paysage nouveau se dessinait sur eux, à travers eux, un paysage où les saisons et les heures du jour se lisaient une à une : les grands bacs argentés et blancs, reflets de l'aube et du givre de l'hiver, les cuves vertes du printemps, les réservoirs bleus et jaunes de l'été (bleus comme le ciel sans nuages, jaunes comme les blés immobiles et dorés) et les spirales ocre et rouges de l'automne… Ils apprirent ainsi les saisons et les heures qui régissaient la terre. Et ils pensèrent que ces grandes formes devaient être les miroirs étincelants du temps.

Quand les voyageurs s'en allèrent, ils remarquèrent près de la ville une autre ville, plus petite. Elle n'avait ni sphères ni cylindres, mais des maisons carrées, au toit de tuiles, des cours garnies de fleurs, des rues étroites et des places avec des platanes. Sur ces places, des hommes affairés se penchaient vers le sol, regardant des boules rouler vers d'autres boules, les heurter et les déplacer. Cet ultime spectacle surprit les voyageurs. On eut dit un jeu étrange, fait d'atomes, de noyaux, d'électrons, se mêlant, se repoussant, soumis à des orbites en délire…

Au-dessous des voyageurs, les ombres s'allongeaient dans le village. Dans la ville de métal et de feu, les lumières s'allumèrent sur les minarets, le long des passerelles. Le paysage s'ombrait de nuit, donnant aux formes et aux cylindres l'apparence de grands yeux ouverts sur le ciel, de grands yeux qui fixaient obstinément les voyageurs. Mais tout cela ne fut bientôt qu'un point scintillant sur la terre comme une constellation plaquée contre la surface obscure de l'astre… Et ils notèrent les derniers noms de leur voyage : la ville aux bacs, miroirs du temps, avait pour nom Raffinerie et l'autre, la ville aux hommes penchés sur le sol à la poursuite des atomes, s'appelait Fos.

Les comètes, les oiseaux et les rois

UNE comète, c'est quoi ? Eh bien, ce n'est rien ou presque rien. « Un rien visible », dira au siècle dernier[1] un contemporain d'Arago, l'astronome Babinet. « Un sac de rien », dira un autre. Une comète, c'est un aggloméral de neige et de glace, une congère sale de quelques kilomètres de diamètre – six pour celle de Halley – une boule obscure en somme qui s'embrase et s'illumine au contact du rayonnement solaire. En arrivant près du Soleil, elle s'entoure d'une chevelure lumineuse (qui lui donne son nom puisque *comitis* veut dire en grec chevelu) puis émet une immense queue de poussières et de particules, couvrant des millions de kilomètres dans l'espace et qui est son signe le plus spectaculaire. En fait, ce n'est nullement un astre errant ou fantasque comme on l'a cru longtemps. C'est une minuscule planète qui obéit comme toutes les autres aux lois de l'attraction universelle mais dont la course, l'ellipse

1. Ce texte a été écrit en 1985. (NdE)

très excentrique qu'elle décrit autour du Soleil, l'entraîne dans les plus lointaines profondeurs de l'espace. Mais cela, il fallut des siècles pour le découvrir et le faire admettre.

L'histoire des comètes, c'est celle de nos fantasmes et de nos terreurs collectives ; habitués à la course régulière des planètes et à l'immobilité des étoiles, persuadés que les cieux étaient un éther pur, incorruptible où tout était réglé, ordonné par le Créateur, les peuples anciens ont vu dans les comètes avant tout des perturbatrices, des astres semeurs d'anarchie dans le ciel et donc sur la terre. D'où l'idée qu'elles sont des messagères envoyées par Dieu, mais des messagères d'Apocalypse. À peine paraissent-elles dans l'espace que les catastrophes se déchaînent : guerres, épidémies, inondations, sécheresses, elles sont responsables de tout, même de l'invention de la bombarde et de l'origine de la syphilis ! L'imagination aidant, les observateurs les plus raisonnables finissent par voir sur ces astres échevelés des choses incroyables, « des haches, des couteaux, des épées colorées de sang, et des faces humaines hideuses avec les barbes, les cheveux hérissés », écrit Ambroise Paré. D'autres y voient des batailles sanglantes, des membres déchiquetés, des poutres en flammes ou des bêtes monstrueuses. Pauvres comètes ! On n'en finirait pas de dresser l'inventaire des terreurs, des hallucinations, des délires qu'elles ont provoqués. Car elles provoquent aussi la mort prématurée des rois. Comment une comète peut-elle tuer un roi ? demanderez-vous. Licéti, philosophe aristotélicien et professeur de médecine à l'Université de Pise, authentique savant du XVIIe siècle, vous l'explique très simplement : en traversant notre atmosphère, les comètes vicient l'air. Les oiseaux en sont les premières victimes puisqu'ils le respirent. Or, les rois mangent beaucoup de gibier. Donc les rois meurent du gibier vicié par les comètes...

Il faudra beaucoup d'obstination et de calculs aux astronomes pour combattre ces superstitions et découvrir peu à peu la nature réelle des comètes. D'abord comme le prouva l'astronome Tycho Brahe, elles ne traversent pas l'atmosphère terrestre, elles n'appartiennent pas au monde sublunaire comme on le croyait mais elles passent très loin au-delà de l'orbite lunaire, entre la Terre et le Soleil. Autrement dit, l'éther n'est plus un lieu incorruptible. Ensuite, et c'est là qu'intervient l'Anglais Halley, à partir de recherches et de calculs de Newton, la plupart des comètes font partie de notre système solaire, elles sont soumises à l'attraction universelle. Conséquence : on peut prévoir leur trajet, leur périodicité et leur retour. Elles deviennent des astres à part entière, des météores disciplinés. D'ailleurs, pour prouver l'exactitude de ses thèses, Halley annoncera le retour de « sa » comète pour fin 1758, début 1759. Et elle reviendra ! Elle émergera même des ténèbres la nuit de Noël 1758.

Alors commença une quête passionnée. Si la comète de Halley revient tous les 76 ans, elle a dû venir dans le passé et les textes ont dû en parler. Astronomes et philosophes se mirent à dépouiller toutes les archives de la planète et de fait ils la retrouvèrent, à travers le temps cette fois, de façon certaine jusqu'en – 240 avant J.-C. Mais deux dates marquent son passage de façon inoubliable : 1301 quand elle illumine la Toscane et que Giotto la représente sur sa célèbre *Adoration des Mages* à Padoue. Et 1456 quand elle apparaît dans le ciel au moment précis où Chrétiens et Ottomans vont s'affronter dans un titanesque combat aux portes de Belgrade. Les Chrétiens l'emportèrent et des foules entières remercièrent la comète d'avoir sauvé l'Occident du désastre…

Aujourd'hui, les rendez-vous de la comète de Halley sont pris longtemps d'avance et son agenda personnel ne réserve plus de surprises. Attendue pour le printemps 86, elle a d'ores et déjà été repérée et suivie depuis le mois d'octobre 1982. Les télescopes l'aperçurent dans la banlieue d'Uranus, à 1 milliard 650 millions de kilomètres de la Terre, comme une lueur de magnitude 24. Ce qui veut dire très exactement une luminosité 700 millions de fois plus faible que celle de l'Étoile polaire ou encore, la lumière d'une bougie placée à 50 000 km ! Mais au fond, maintenant que les mystères semblent éclaircis, que lui veut-on à cette comète et que peut-elle nous dire encore ? Pourquoi cette armada de sondes, de satellites, de déploiement inouï d'énergie et de curiosité ? C'est que, comme le suggère Fred Hoyle, le célèbre astronome anglais, cette congère sale, cette boule minuscule et glacée détient peut-être la réponse au plus grand de tous les secrets : l'origine de la vie. Comme certains météorites étudiés récemment, la comète contient sûrement des molécules prébiotiques, c'est-à-dire celles qui furent à l'origine de la vie. Molécules qu'il serait possible de détecter et d'analyser directement dans l'espace, en toute virginité. Fred Hoyle va d'ailleurs plus loin puisqu'il pense non seulement que la vie se conserve dans la glace des comètes mais qu'elle dut apparaître sur terre grâce à elles, quand elles chutèrent jadis sur sa surface. Ainsi, paradoxalement, la science la plus sophistiquée et la plus avancée restitue aux comètes leur antique statut de messagères célestes. Mais cette fois c'est pour ensemencer la Terre, non pour la dépeupler. C'est pour semer la vie et non donner la mort !

Au commencement était l'Image

Au commencement était l'Image[1]. Ainsi devrait débuter l'Évangile de notre temps. Et même celui de tous les temps. En inscrivant le Verbe, le Logos au début de l'histoire du monde, saint Jean reste fidèle à l'aventure humaine du langage mais lui-même, que fait-il en son *Apocalypse* si ce n'est imager, plus que décrire, magistralement sa vision de la fin du monde ? Si bien que dès maintenant – et pour ouvrir ces réflexions sur les rapports sereins ou tourmentés de l'image et du verbe – je me demande si le visionnaire n'est pas un homme qui, bien sûr, vit et voit le futur mais aussi qui devient ou redevient contemporain des premiers regards sur le monde, de la virginité des premiers signes, c'est-à-dire du premier dessin.

Au commencement, donc, était l'Image. La plus vieille image du monde est un dessin trouvé dans une grotte de Dordogne dite abri Cellier,

---

1. Ce texte est issu de l'album *Autour de la BD* (Lebeer-Hossmann éditeur, Bruxelles, 1985) paru à l'occasion d'une exposition du Palais des Beaux-Arts de Charleroi (janvier-mars 1985).

représentant côte à côte une figure animale, une vulve et des bâtonnets. Le tout gravé sur une plaque calcaire d'époque aurignacienne : 35 000 ans au moins nous en séparent. Avec tout le mystère, tout le murmure aussi qui émane de ce dessin. Car déjà, en cet objet rudimentaire, simple caillou gravé, tout commence : la question – pourquoi avoir gravé cela ? – et les mille réponses ou silences possibles. Par ce dessin un homme nous a tendu, montré sa main par-delà trois cent cinquante siècles. Nous pouvons suivre le trajet de cette main sur la pierre, l'hésitation ou l'assurance de son trait, sa mélodie sur le calcaire. Nous voyons, nous savons ce que cet homme a vu et reproduit : un animal, un sexe, des herbes ou des branches, un monde précaire, élémentaire mais mirifique puisque, par le miracle du dessin, il surgit dans le Temps après des millénaires de néant. L'important ici n'est pas de découvrir le milieu où vivait cet homme mais de comprendre son regard et ce qu'il a voulu transcrire. Je ne dis pas *nous* transcrire, *nous* transmettre. Ce serait déjà une interprétation. Je dis : re-produire. D'où, parmi les mille réponses possibles à l'énigme de ce dessin, celle qui consiste à répéter en prenant conscience des syllabes : *reproduire*. Autrement dit, produire volontairement un animal, un sexe, des bâtons en réduction et aussi d'une façon symbolique (la vulve désignant plutôt non le sexe mais la femme en général) pour mieux les maîtriser ou en obtenir quelque chose : soumission, nourriture ou fécondité. Gibiers alors, la femme comme l'animal ? Ou au contraire objets de culte, de dévotion ? Et ces branches, ces bâtonnets, décor ou essai de numération ? Nourriture ou signe de souveraineté ? Questions, questions sans fin… On voit bien en cette pierre première, en cette aube calcaire, surgir déjà toute l'ambiguïté des rapports de l'image et du verbe. D'un côté une image-miracle qui atteste le regard, la main, le cerveau, la sensibilité d'un ancêtre anonyme d'il y a trois cent cinquante siècles. D'un autre une image-mystère, impuissante par elle-même à dire tout ce qu'elle pourrait dire. Pour la comprendre entièrement, par ses seuls traits et ses figures, il faudrait être non critique d'art ou même préhistorien mais… un chasseur aurignacien. Cette image, faute d'écriture, faute d'inscription pour l'éclairer nous propose ses formes claires, précises en un message obscur. Elle nous propose – déjà ! – le jour et la nuit des symboles. De ces symboles nés justement dans les cavernes. À l'orée du clair et du sombre. Du concret et de l'impalpable. Du silex et de la pensée. Et à l'orée aussi de l'image et du verbe.

Signes et lignes dans l'argile

Étrange coïncidence qui ne doit rien à une obsession personnelle : à trois cents siècles de distance, un des tout premiers témoignages d'écriture sur argile, la première tablette écrite de l'Histoire, pourrait-on dire, reproduit elle aussi une vulve, une tête animale et des bâtonnets ! Avec, en plus, un épi de blé. Les mêmes figures. Le même monde concret et symbolique. Mais avec des différences fondamentales. On sent – on sait même – que ces dessins représentent bien – mais ne disent pas du tout les mêmes choses. D'abord ils ont pour support non une pierre brute, naturelle mais une argile cuite au four, une œuvre humaine. Ensuite, on y voit un épi de blé ; autrement dit, toute l'aventure de la domestication céréalière. Et puis, ces figures, ces symboles, ces pictogrammes (et nous reviendrons plus loin sur ce mot) sont dessinés selon un ordre et un sens évidents, séparés par des traits verticaux ou horizontaux. Enfin, des points, des creux disposés eux aussi dans des cases désignent sans doute des chiffres. Il s'agit là, d'après les spécialistes, d'une tablette trouvée en Mésopotamie, sur le site de Djemdet Nasr datant d'environ 3 000 ans avant J.-C. La présence des cavités – chiffres et autres symboles – fait penser qu'il peut, qu'il doit s'agir non d'un texte écrit mais d'une tablette de comptabilité énumérant le nombre et la nature des objets possédés : blé, bétail. Et la femme, alors ? Pour que la femme figure dans un inventaire, il faut qu'elle soit considérée comme la propriété du maître. Est-ce alors une esclave ? Une prisonnière ? Sa propre femme ? Nous ne le saurons jamais. Là encore – et bien que ce message soit relativement clair et en grande partie déchiffrable – bien des obscurités demeurent, faute d'un texte pour les éclairer. Ce pictogramme nous dit beaucoup de choses et en dit peu, en même temps. Il est un dessin achevé mais une écriture incomplète, un message partiel. Il n'est pas encore arrivé au stade de l'idéogramme ou de la lettre. Il est déjà une écriture mais une écriture balbutiée.

L'enfance des pictogrammes

Balbutiements d'images, balbutiements de mots : c'est ainsi qu'on pourrait définir les premiers pictogrammes. Un pictogramme, c'est littéralement un « dessin écrit », un dessin qui dit en même temps et la chose et le mot. Vous voulez dire par écrit *le soleil* alors que l'écriture n'existe pas encore ? Rien de plus simple : vous dessinez un cercle avec des rayons, un soleil. Mais, première ambiguïté, l'image d'un soleil rayonnant peut signifier, bien sûr, le soleil mais aussi le jour, la lumière, la chaleur. Et cela, aucun mot, aucun code ne le dit. Là encore, parce qu'il n'est qu'un dessin, le soleil vous éclaire mais d'une clarté toute relative. Sans précision et sans nuance. Autre exemple : vous voulez dire *crépuscule*. Rien de plus simple en apparence : vous dessinez non un soleil entier mais un soleil coupé par l'horizon. Mais alors, comment direz-vous l'aube ? Chaque pictogramme, c'est-à-dire chaque message traduit par un dessin, a ainsi ses limites et ses ambiguïtés. Sans parler des problèmes pratiques posés par des dessins exécutés sur argile molle à l'aide d'une pointe de roseau. Ici, courbes et nuances sont difficiles, sinon impossibles. C'est pour cela que très tôt, les pictogrammes se muèrent peu à peu en signes plus abstraits, plus éloignés du dessin, du modèle d'origine mais combien plus maniables : les signes cunéiformes. Car comment, par le vieux procédé des pictogrammes sur argile, distinguer un cheval d'un mulet par exemple en toute certitude ? Et comment rendre par un dessin

– c'est là un exercice auquel il serait d'ailleurs plaisant de se livrer – l'idée de *plénitude* ou de *détresse* sans qu'elle se confonde par exemple avec celle de réplétion, de satiété, d'affliction, de chagrin ou de désolation ?

Pourtant, on ne peut s'empêcher d'aimer les pictogrammes ou, du moins, d'éprouver quelque émotion devant ces images balbutiées des mots, ces premiers exercices d'écriture et de leçon de choses. Parce qu'ils rappellent peut-être les jeux et les premières images de notre enfance, ce temps où les choses et les mots n'étaient pas encore désunis, n'avaient pas entamé ce divorce qui sera plus tard le lot de la raison, de l'âge adulte et de la linguistique ! Les pictogrammes, ce sont les premiers cubes à images, les premiers jeux de patience de notre humanité et ils disent en effet un monde rude et coloré, un monde besogneux aussi fait surtout de bœufs, de béliers, de poissons, de vases, de jarres et de charrues, un monde schématique enfin, où les mots demeurent lovés, cachés dans les images, où les jambes ne sont pas encore des jambages.

D'ailleurs, ils existent toujours autour de nous, ces pictogrammes. On n'a guère trouvé mieux, en ce siècle de déplacements planétaires, de colloques internationaux, pour dire le substrat concret des voyages : hôtel à 1, 2, 3 ou 4 étoiles, avec ou sans téléphone, piscine, salle de bains, parking, tennis. Ou encore les signaux routiers. Certains d'entre eux sont de purs, d'authentiques pictogrammes de notre temps. Avec toute la clarté souhaitable. Et sans la moindre ambiguïté native, cette fois, à quelques exceptions près, néanmoins. Car les uns signalent des obstacles certains et assurés, voire imminents : carrefour, virage dangereux, rétrécissement, dos d'âne. Les autres, des obstacles incertains, purement éventuels : passage d'animaux sauvages, chute de pierres. Mais rien sur le pictogramme, sur le signal lui-même n'indique cette différence. Si bien qu'un extraterrestre apprenant à conduire sur les routes de notre planète et constatant qu'avant chaque dos d'âne, chaque virage en épingle un panneau l'annonce effectivement s'arrêterait instantanément à la vue du signal : *chute de pierres*, persuadé qu'elles vont tomber d'une seconde à l'autre. Ainsi, même le pictogramme le plus parfait, le plus moderne et le plus international recèle malgré tout de légères – ou graves – incertitudes. Comme dans les temps les plus anciens. D'ailleurs, il est d'autres affinités reliant le pictogramme d'aujourd'hui à ceux du temps jadis. Exemple : imaginons un chasseur authentiquement aurignacien empruntant l'autoroute pour se rendre sur ses lieux de chasse. Parmi les différents panneaux, il reconnaîtrait immédiatement son gibier familier dans le cerf bondissant qui signale : *passage d'animaux sauvages* mais resterait perplexe devant le bœuf qui dit : *passage d'animaux domestiques* qui est non un auroch et encore moins un *bos primigenius* mais un bovin de type très charolais !

Mots et images ont joué à cache-cache pendant des millénaires. Au début, les images ont caché les mots. Aujourd'hui, les mots ont tendance à cacher les images que souvent ils recèlent. Mais jusque dans notre alphabet, héritage de l'alphabet latin, lui-même hérité du grec lui-même hérité du syrophénicien, on retrouve les très lointains vestiges des premiers pictogrammes, autrement dit des fantômes d'images. Oui, pendant très longtemps, mots et dessins, verbe et image ont joué à cache-cache. Cela se passait, aux temps épiques, héroïques du Pictogramme, au temps « où les choses parlaient » pourrait-on dire, où sur l'argile refroidie une vulve disait *la femme,* où la charrue disait *travail,* où la jarre disait *froment*, où le vase disait *eau.* Et je ne peux m'empêcher d'y penser chaque fois que sur les routes je croise aujourd'hui ce cerf bondissant, ce bovin immobile, ces deux enfants qui sortent de l'école, tous ces habitants, ce « peuple des panneaux » qui vivent en mon siècle, que je peux rencontrer devant moi à l'instant et qui pourtant, en même temps, viennent du fond des âges.

L'empreinte cunéiforme

Les siècles ont passé et les mots ont grandi. D'enfants-pictogrammes, ils sont devenus adolescents-cunéiformes. Ils se sont mis à jouer non plus aux images mais aux « coins », ces empreintes sur argile ressemblant à des clous et dont la forme est due à l'embout du roseau taillé qu'on utilisait pour écrire. Ces « clous », ces signes cunéiformes disent la même chose que les pictogrammes mais le disent autrement. Ils sont devenus des idéogrammes, c'est-à-dire des signes représentant non plus des choses mais des idées, des sens et parfois même des sons, des syllabes. Ce cheminement est passionnant car il témoigne d'une évolution capitale du langage : plus l'écriture, le signe s'éloignent du dessin, plus le message devient précis et l'emploi du signe devient souple. Le signe « flirte » maintenant avec le son, le phonème, plus qu'avec l'image. Il y a divorce d'avec l'image, alliance avec le son ou, pour employer le langage d'aujourd'hui, alliance avec l'audio et divorce d'avec le visuel.

Cette évolution est vraie pour tous les signes cunéiformes mais on peut prendre pour exemple le cas du signe disant *homme*. Au début, quand il n'est encore qu'un pictogramme, il ressemble à une momie verticale, à un poupon langé où la tête est reconnaissable, bref à une forme humanoïde. Par la suite, pour des raisons de commodité graphique, on fera pivoter tous les signes de 90° et l'homme-momie, l'homme-poupon se retrouvera allongé. Puis, avec l'usage du roseau, le signe évoluera peu à peu jusqu'à devenir cet assemblage de clous et de coins, un tableau de signes abstraits.

Autre exemple montrant la souplesse – mais aussi les limites – de ce procédé. Vous voulez dire, écrire non plus *homme* mais *roi*. Qu'est-ce qu'un roi ? C'est d'abord un homme mais un homme puissant. On écrira donc *roi* avec le signe disant *homme* plus le signe disant *grand*. Ce signe représente un symbole de pouvoir, une couronne ou un sceptre ou, plus prosaïquement encore, un chasse-mouche. Un roi, c'est donc un homme avec un chasse-mouche.

Et l'image, que devient-elle pendant ce temps ? L'image évolue elle aussi en s'affinant, en se perfectionnant au point de pouvoir représenter désormais non plus seulement des signes sommaires, évoquant des choses et des formes de la vie quotidienne, mais les scènes complexes et riches de la vie religieuse, familiale ou collective. D'un côté, le signe devient de plus en plus signe, c'est-à-dire de plus en plus abstrait ; d'un autre, l'image devient de plus en plus image, de plus en plus figurative. Et c'est là, à l'extrême évolution de leurs cheminements respectifs et apparemment divergents qu'ils se rejoignent enfin pour se mêler, se compléter, renouer l'alliance ancienne mais combien plus féconde à présent, puisque désormais, par l'emploi conjugué de l'image et du verbe, on pourra dire tout ce que l'on veut, on pourra en même temps imager et raconter le monde.

L'important avec les signes, qu'ils soient des dessins ou des mots, n'est évidemment pas de les juxtaposer mais de s'en servir à des fins signifiantes : enseigner, témoigner, illustrer, raconter. Et l'important avec les idées, n'est pas non plus de les aligner mais de les assembler, de les coordonner, de les *composer* dans tous les sens du terme. Une composition, c'est un exercice qui concerne aussi bien le récit écrit que la représentation imagée, c'est un ordonnancement de mots, d'idées, de lignes ou de dessins, suscitant une narration qui peut être écrite ou graphique.

L'important avec les signes, avec les lignes, avec le verbe et le dessin, c'est de composer – ou de recomposer – le monde. De pouvoir construire un *récit*.

Revenons donc à l'image, aux premières images. Non plus celles du temps des cavernes ni même des pictogrammes mais des images déjà affinées, évoluées, celles des premières représentations sumériennes par exemple, bas-reliefs, ou sceaux. Ces derniers sont très intéressants car certains de ces sceaux atteignent à la perfection. Découverts par centaines dans les tombes de Mésopotamie, ils constituaient des cachets en forme de cylindre sur lequel étaient gravés des personnages ou des inscriptions et souvent les deux ensemble. En les déroulant sur de l'argile fraîche, leur texte et leur décor s'imprimaient dans la glaise et c'est ainsi qu'on les lisait. La plupart servaient de cachet à l'expéditeur et portaient son nom et sa fonction. Mais d'autres semblent avoir eu un sens plus complexe, un but votif ou religieux. Prenons un exemple, un sceau-cylindre trouvé en Mésopotamie et datant du IIIe millénaire avant J.-C. Il représente trois personnages : à droite, une femme les bras levés ; devant elle, un personnage versant de l'eau dans un récipient ; devant lui, un autre personnage debout, le bras gauche tendu.

À ce stade précis de l'image, il est impossible d'en dire plus. Il s'agit d'une description minimale ; précisant le sujet, les personnages et leur posture. On voit à peu près ce qu'ils font, mais on ne sait pas qui ils sont. Ni pourquoi ils font ce qu'ils font. Ainsi : verser de l'eau. Il y a mille raisons de verser de l'eau : arroser des fleurs par exemple. Mais alors pourquoi le deuxième personnage verse-t-il de l'eau devant deux témoins ? Déjà, l'idée surgit qu'il ne doit pas s'agir d'une scène quotidienne mais d'un acte plus officiel, d'un rituel peut-être. J'insiste là-dessus car nous sommes ici au cœur du sceau et du sujet. Cette image si fine, si précise en tous ses détails est une merveille graphique, mais elle est aussi une merveille énigmatique. Sur le plan de la facture et du tracé, nous sommes à mille lieux de la pierre calcaire aurignacienne ou de la tablette sumérienne à l'épi, mais nous ne sommes guère plus avancés quant au message. L'énigme reste entière et l'image, de prime abord, ne dit pas plus que ce que je viens d'en dire : *elle montre un personnage versant de l'eau devant deux autres personnages.*

En fait, cette image peut en dire beaucoup plus moins par elle-même que par l'acquis de connaissances qui l'entoure. Je veux dire par tout ce que d'autres sceaux ou scènes semblables ont pu apporter et transmettre et ce que l'on sait par ailleurs de la civilisation sumérienne. Un homme non spécialiste décrira donc ce sceau comme je viens de le faire et n'y verra rien d'autre. Mais un spécialiste ? En étudiant l'habillement, les coiffures et les gestes des personnages, il dira que celui de droite est un dieu et celui du milieu un roi ou un haut fonctionnaire, étant donné leur manteau et surtout leur coiffure. Par contre, l'ambiguïté subsistera pour le personnage de droite : c'est une femme mais qui est-elle ? Déesse, prêtresse, officiante ou simplement la femme du personnage du milieu ? Nous pouvons dire pourtant, après cette seconde lecture, que ce sceau nous décrit non plus seulement un personnage versant de l'eau mais *un roi versant une libation à un dieu.*

Nous avançons. Nous avançons mais nous ne pouvons guère aller plus loin. Nous ne pouvons aller plus loin en nous en tenant à cette seule image car elle ne peut nous en dire plus. Mais il y a par chance une inscription cunéiforme juste à côté du premier personnage de droite et elle va nous livrer les précisions indispensables. Elle nous dit que ce sceau est celui du gouverneur de la ville sainte de Nippur et qu'il verse une libation au dieu Nushku. Aux deux approximations précédentes, nous pouvons maintenant ajouter la description complète car grâce au texte inscrit, on peut surprendre ce que murmure, ce que nous dit le minuscule personnage qui officie au centre :

« *Moi, gouverneur de la ville sainte de Nippur, je me voue au dieu Nushku pour la vie de mon souverain, le roi Shulgi, roi d'Ur, de Sumer et d'Akkad et j'en prends à témoin le dieu et la déesse devant lesquels je verse cette eau.* »

Image et verbe. Verbe et image. Vous voici enfin réconciliés ou du moins réunis pour dire chacun ce que vous seuls pouvez dire et éclairer la scène de ce sceau. Pas seulement de ce sceau, bien sûr, mais de tous les autres. Et dire aussi le bonheur, le drame ou la ferveur de notre présence en ce monde.

J'aime les commencements. Ou plus exactement ce que l'on peut saisir des commencements. Car en lui-même un commencement ne se saisit jamais. On ne prend conscience d'un phénomène, de son apparition ou de son surgissement que lorsque déjà il est là, présent, constitué, connaissable. Quand l'image et le verbe ont-ils commencé ? Et d'abord y a-t-il eu jamais une première image ? N'est-ce pas là un mythe ? Je me prends à rêver aux anciennes figures, à ces tablettes, ces sceaux, ces bas-reliefs qu'ils soient de Sumer ou d'Égypte, je me prends à rêver sur eux car ils me disent (et cela sans la moindre inscription) que les commencements du monde sont à la fois insaisissables et infinis. Eux, si anciens soient-ils et si contemporains qu'ils paraissent des origines de la civilisation, surgissent déjà tout armés, tout bardés, tout nimbés de symboles, que ce soit les cunéiformes ou les hiéroglyphes égyptiens. Les cunéiformes, ces jeux savants, complexes, alambiqués parfois de coins et de clous dans l'argile évoquent justement cette matière dont ils sont issus, cette argile première qui constitue la substance même de ce pays, le pays du limon, des boues fermentées au soleil, le pays des scribes penchés sur les tablettes imprimant ces clous et coins dans la glaise encore molle, à l'abri de quelque mur les protégeant de la chaleur torride. Et comme les scribes étaient rares, que l'écriture était un privilège transmis héréditairement, j'imagine des nuées de badauds et d'enfants ou le personnel des palais regardant le miracle de cette main traçant des signes mystérieux sur la matière de ce monde, des signes qui en racontent la genèse et le surgissement hors des flots. Ici, le signe est roi, il est la conquête majeure qui, en emprisonnant des lignes dans un creux de terre, a ouvert toutes grandes les portes de l'imaginaire. Il conduit, contraint l'homme à écrire d'abord son présent, l'inventaire de ses biens, ses échanges et ses donations pour ensuite lui permettre d'écrire son passé, son futur, de rédiger les genèses du monde et ses apocalypses. Cette argile si friable et boueuse et bourbeuse servit *aussi* à dire la pureté et la pérennité des dieux. Les tablettes millénaires n'ont pas seulement emprisonné le temps mais l'espace intérieur des hommes, ces rêves et ces dieux qui resurgissent intacts aujourd'hui après cinq mille ans de silence.

Illustre récit, récit illustré

[...] L'histoire – ou plutôt la préhistoire de ce qu'on nomme aujourd'hui la bande dessinée – est celle d'une rencontre, d'un cheminement progressif qui finit par conjoindre un jour sur une plaque calcaire, une tablette d'argile, un mur de granit ou un papyrus funéraire, des mots et des dessins, des textes et des images.

Mais si le texte permet d'éclairer le dessin, s'il pallie au message toujours incomplet, toujours ambigu des images, il permet aussi d'aller bien plus loin. Il permet non plus seulement de préciser le sens d'un épisode ou d'une scène anonyme mais de suivre une progression narrative, autrement dit de permettre le déroulement d'un récit. Car un récit peut être constitué de mots ou d'images. Les milliers de personnages gravés sur les murs des temples égyptiens, les milliers de personnages dressés sur la boue séchée des bas-reliefs mésopotamiens sont là, certes, pour témoigner mais aussi pour narrer, raconter une histoire, celle d'une bataille, d'une cérémonie, d'un parcours, d'une initiation, d'un scénario profane ou sacré. Ils juxtaposent des actions et des attitudes et le problème de l'espace, quand il s'agit de faire tenir sur une surface limitée le récit d'une genèse ou d'une apocalypse, c'est d'y inscrire le Temps lui-même, c'est-à-dire la succession chronologique des scènes, de façon aussi claire que possible.

Je prendrai un exemple précis, parmi des centaines d'autres. Il existe au British Museum un bas-relief assyrien en albâtre de deux mètres de large environ représentant une foule de combattants se livrant une bataille acharnée. De prime abord, on voit deux sortes d'adversaires : les uns coiffés d'un casque, les autres tête nue. C'est là tout ce qu'on peut dire – et aussi que cette bataille ne fait pas de quartier. Les blessés sont achevés à coups d'épée et les cadavres jetés dans le fleuve tout proche. Quelques palmiers indiquent qu'on est en plein désert. L'ensemble nous apparaît comme une mêlée inextricable, un véritable casse-tête au sens propre du mot ! Et surtout un casse-tête où, en dépit du réalisme, de la précision des gravures (où le moindre détail d'habillement, d'armement, de harnais est parfaitement indiqué) on a du mal à suivre le déroulement logique et chronologique du combat.

Heureusement, là encore, trois inscriptions vont nous aider à sortir de l'imbroglio. Elles nous disent, ces inscriptions, qu'il s'agit d'un combat entre des Assyriens (les hommes casqués) menés par leur roi Assurbanipal et des Élamites (les soldats tête nue) menés par leur roi Te'umman. Elles précisent même indirectement le déroulement du combat. Ainsi, sous la dernière inscription de droite, près du fleuve, on voit un homme casqué assommant à coup de massue un homme à tête nue et *juste à côté* un autre homme casqué (ou le même ?) tranchant la tête d'un autre homme à tête nue (ou du même ?). Grâce à l'inscription, nous apprenons qu'il s'agit d'un soldat assyrien assommant le fils du roi élamite Te'umman pendant qu'un autre Assyrien tranche la tête du roi lui-même. Ces deux scènes se déroulent donc *au même moment*, et il s'agit là de deux épisodes différents. Nous sommes ici au cœur des toutes premières bandes dessinées (les plus anciennes sont égyptiennes mais nous en parlerons plus tard) mais déjà le problème se pose sur cette face d'albâtre : la proximité de deux images peut signifier concomitance ou succession et cela, le texte seul peut nous le dire. Ainsi apparaissent ici ces inscriptions guerrières d'Assyrie : comme les premiers sous-titres donnant un sens, des rumeurs, des paroles et des cris à cet immense et cet épique film muet.

Le mythe imagé du monde

Un pas de plus sera franchi avec l'Égypte. L'Égypte, plus encore que la Mésopotamie, est la patrie des images et des textes. Des millénaires avant J.-C., les textes gravés sur les parois des Pyramides ou celles des sarcophages, ou peints sur les papyrii du *Livre des morts*, se présentaient comme de véritables albums funéraires illustrés. C'est que, dans leur obsession de la mort et de l'éternité, les Égyptiens n'ont rien voulu laisser au hasard et ont littéralement cadastré les terres de l'Au-delà, décrivant avec une précision hallucinante ses habitants, ses territoires, ses dangers et les épreuves qui attendent les morts. Mais devant les centaines de « bandes dessinées » que constituent les bas-reliefs, les fresques et les vignettes des papyrii, il est indispensable de choisir pour donner une idée du rapport essentiel, viscéral, qui lie texte et images.

J'ai donc choisi un papyrus funéraire composé et illustré pendant la XIXe dynastie (c'est-à-dire vers le XIVe siècle avant J.-C.) à l'intention d'un haut fonctionnaire nommé Ani, « directeur des greniers à blé des seigneurs d'Abydos, écrivain de l'offrande aux dieux pour les seigneurs de Thèbes », et de sa femme Tjutju, « Dame de la Maison et chanteuse du temple d'Amon ». Il comporte 37 planches avec texte et images disposés selon divers agencements). Le texte commente les images et explique la marche à suivre – au sens propre du terme – sur les terres de l'Au-delà. Les 37 planches constituent donc un récit continu, le guide d'une série d'épreuves qui débute avec l'arrivée du couple devant l'entrée du royaume des morts et s'achève avec la sortie du couple dans l'éternité, au sein de Methyer, le flot originel, qui « s'élève du bel Occident » pour accueillir Ani et son épouse devenus dieux.

De cet ensemble, j'ai choisi la onzième planche car par sa disposition graphique elle est très révélatrice de la façon dont les Égyptiens racontaient à la fois une histoire et des personnages. Elle est faite de deux bandes horizontales et superposées séparées l'une en cinq cases, l'autre en six. Décrivons simplement ce qu'on y voit, pour commencer :

Bande supérieure

Première case – Un couple se présente devant une porte. L'homme lève les bras en signe d'imploration, sa femme le suit tenant un cistre (sorte de crécelle) dans sa main droite, une fleur de lotus dans les cheveux.

Deuxième case – Trois créatures sont assises sur le seuil d'une porte : la première a une tête de lion et elle tient un épi ; la seconde a une tête de serpent et tient un couteau ; la troisième, une tête de crocodile avec un couteau.

Troisième case – Trois créatures sur le seuil d'une deuxième porte. La première avec une tête de lion, la seconde avec une tête d'homme, la troisième avec une tête de chien. Toutes trois portent des couteaux.

Quatrième case – Trois créatures sur le seuil d'une troisième porte, la première avec une tête de chacal et un épi de blé, la seconde avec une tête de chien et un couteau, la troisième une tête de serpent et un couteau.

Cinquième case – Trois créatures sur le seuil d'une quatrième porte ; la première avec une tête d'homme et un épi de blé, la seconde avec une tête de faucon et un couteau, la troisième avec une tête de lion et un couteau.

Bande inférieure

La bande inférieure reproduit cette disposition sauf que les créatures infernales ne sont plus trois mais une par case et que le couple, toujours en prière, affronte successivement six créatures à tête d'oiseau, de lion, d'homme, de vache, de crocodile et d'homme.

On ne peut décrire plus succinctement une histoire dont les héros, à part le couple, sont des êtres bien inquiétants. Mais heureusement le texte, précis et abondant, commente au fur et à mesure les épisodes et le parcours du couple et le conseille dans les prières à dire, les gestes à accomplir. Pour résumer, par conséquent, le onzième épisode de ce « feuilleton » funéraire, disons que le couple s'approche enfin des régions secrètes de l'Au-delà, ceinturées de multiples portes gardées chacune par un ou par trois démons, portes qu'il doit franchir l'une après l'autre en prononçant les formules appropriées. Les trois démons de la première case du haut, par exemple, représentent le premier la vie, le second la seigneurie, le troisième la durée. Ce que demande le couple, mains élevées, à ce moment, est donc : « Donnez-nous, ô gardiens, de vivre, de régner et de durer dans l'Au-delà. »

Étranges livres d'images pourtant que ces papyrii funéraires, roulés dans les cercueils et que nul ne pouvait feuilleter ou compulser, à part les morts. Étranges albums aussi que ces rouleaux qui vous guidaient sur les routes inconnues de la mort, vous signalaient par leurs vignettes les habitants et les dangers de l'Au-delà. Car ici c'est la survie, l'éternité du mort qui est en jeu. Ces textes, ces paroles, ces invocations, ces prières ne sont pas seulement là pour commenter les images mais aussi, et surtout, pour instruire, prémunir le défunt contre les fautes et les erreurs irrémédiables qu'il pourrait commettre. Il s'agit de préserver le mort des pièges de l'Au-delà et le défunt devait donc savoir par cœur toutes ces formules. Il devait se concilier un par un les faveurs des démons infernaux (et il y en avait plus de deux cents !) sous peine d'être dévoré par eux. Ces mots, c'était les formules impérieuses du salut et de l'éternité. Là commence, là s'arrête aussitôt la ressemblance entre ces planches illustrées et les bandes dessinées modernes. Les personnages ici représentés sont loin d'être de simples créatures divertissantes, ils sont les gardiens de la mort, les terribles Examinateurs d'une série d'épreuves dont dépendait le salut du défunt. Oui, nous sommes loin, finalement, très loin des bandes dessinées, tout au moins quant au sens profond des images.

Nous sommes loin, très loin, du jeu moderne des figures. Car ici les images ne sont plus seulement du dessin mais le Dessein même de la mort.

Les dialogues de la nuit

Heureusement, il existe aussi, en d'autres tombes d'Égypte, des images et des textes moins solennels. Dans l'Ancien Empire notamment, on pensait que le pharaon passait son éternité, une fois admis par les dieux, à mener la même vie que sa vie terrestre, chassant, pêchant, se promenant, se reposant à l'ombre de frais sycomores en regardant danser de jeunes nubiennes dévêtues… Aussi représentait-on, sur les parois des tombes pharaoniques, des scènes de la vie quotidienne censées se reproduire dans l'Au-delà. Et se reproduire si exactement que les peintures et bas-reliefs de la mort sont paradoxalement les meilleurs témoignages parvenus jusqu'à nous sur la vie quotidienne de l'Égypte antique. Et là, certains d'entre eux ne manquent pas de réalisme, voire de drôlerie.

Quand on visite les tombes de Saqqarah, près de Memphis, on peut voir sur les murs des bas-reliefs (dont beaucoup ont encore conservé leurs couleurs d'origine) représentant quantités de scènes de moisson, de pêche, de retours des champs, d'artisanat. Et l'on remarque aussi, en général vers le haut, intercalées entre les personnages, des inscriptions hiéroglyphiques. Je dis qu'on les remarque mais en fait on s'empresse toujours de les oublier, puisque pour nous elles ne sont que des signes incompréhensibles. Et pourtant, elles en disent des choses, ces inscriptions ! Elles sont de véritables « bulles » contenant des réflexions, des dialogues, des apostrophes et mêmes des insultes. Je regrette vraiment qu'il n'existe pas à ce jour d'édition de ces bas-reliefs comportant, en place et lieu des hiéroglyphes, leur traduction française. On serait stupéfait de ce qu'on y lirait, on serait ahuri de *ce qui se murmure ou se crie* sur les parois et dans le silence de ces tombes.

Prenons l'une d'entre elles, la tombe dite de Ti remontant à la VIe dynastie, c'est-à-dire 23 siècles avant J.-C. J'ai visité cette tombe et ses bas-reliefs il y a quelques années et je suis resté sidéré par la précision et la simplicité des traits et surtout par la vie intense, l'incroyable impression de labeur, d'affairement émanant de ces silhouettes silencieuses. On croirait percevoir la rumeur des pêcheurs hissant une nasse du fond d'un étang, l'envol soudain d'un héron au milieu des roseaux, le pas des femmes marchant au bord du Nil et portant sur leur tête les produits maraîchers du domaine avec leur nom inscrit juste à côté : « La demeure du ka de Ti », « Les perséas de Ti », « Le gâteau de Ti »... Mais voilà : comme tout le monde j'ai regardé les hiéroglyphes sans les voir, faute de savoir les déchiffrer. Et pourtant, il y a une scène où l'on voit des bateliers se disputer, se battre même sans qu'on en comprenne la raison. En tout cas, ils se battent ferme en s'insultant d'une façon très imagée. Des pêcheurs également, occupés à vider des nasses, échangent des propos aigres-doux. On n'imagine pas le réalisme, la vie, l'émotion aussi qui émanent de ces fresques dès que quelqu'un vous en traduit les hiéroglyphes et les dialogues. Mais là encore – et bien qu'on se rapproche davantage de ce qu'on nomme une bande dessinée – il faut se dire que ces figures et ces dialogues, ces bulles si l'on veut, n'étaient nullement des jeux et encore moins des passe-temps (ou alors des passe-temps d'éternité, si l'on peut dire !). Ce qu'ils disent, ce qu'ils illustrent, ce sont des mots, des figures et des événements qui, si prosaïques ou quotidiens qu'ils puissent paraître, se déroulaient toujours sous le regard des dieux. Ce sont des mots, des figures, des événements sacrés. Et leur substance n'est ni une aventure ni une banale histoire mais un mythe. Le mythe imagé du monde.

L'écriture des icônes

L'aventure et l'alliance des textes et des images ont continué jusqu'à nos jours. L'apparition et le triomphe du christianisme, par exemple, ne furent pas uniquement le surgissement d'une foi nouvelle, d'une nouvelle conscience des rapports entre l'homme et Dieu, mais aussi l'avènement de nouvelles images, de nouvelles représentations du monde et de nouveaux récits sur les frontons des nouveaux temples : les églises. Avec, bien sûr, de nouveaux personnages ou de nouveaux « héros » qui se nommaient : martyrs, ermites et saints. Or, en ces siècles lointains, l'analphabétisme était encore la règle. Très rares étaient les fidèles susceptibles de lire directement les Évangiles ou les autres textes chrétiens. Aussi, tous ces nouveaux récits, ces paraboles, ces scènes tirées de l'Ancien comme du Nouveau Testament servaient-elles à décorer les murs et illustrer la vie du Christ et des Apôtres mais aussi et surtout à enseigner, propager le message des Évangiles. Elles prenaient fatalement un sens pédagogique, devenaient des images exemplaires au sens propre du terme, c'est-à-dire des images qui pouvaient orienter, guider, voire modifier la vie et les choix des fidèles. C'est donc une véritable Bible de pierres, un abécédaire sacré fait d'icônes, de mosaïques, de fresques, de chapiteaux que l'art chrétien va faire surgir de l'Arménie jusqu'à l'Irlande. L'église – cet univers en réduction avec le ciel de sa coupole, la terre de sa nef, la caverne de sa crypte, le Golgotha de son sanctuaire, le calendrier lumineux des vitraux – l'église devient un grand Récit de couleurs et d'images, une Narration pétrifiée disant, communiquant et propageant la foi chrétienne.

Mais le plus remarquable, en cette évolution concernant l'ensemble de la chrétienté, c'est qu'on y retrouve une fois de plus – particulièrement dans le monde orthodoxe byzantin – cette alliance millénaire du texte et de l'image. Beaucoup de fresques et d'icônes comportent, en effet, autour ou à côté de la figure ou de la scène principale, des citations de la Bible et des Évangiles, des extraits de la vie des saints, des sentences et des apophtegmes des Pères du désert. Textes qui sont là avant tout pour entretenir la foi mais aussi la mémoire orale du croyant.

Les inscriptions les plus simples comportent uniquement le nom du personnage représenté, pour qu'il soit bien identifié, ou s'il est immédiatement reconnaissable, comme le Christ, l'indication de sa fonction : PANTOCRATOR par exemple. On peut lire aussi, notamment sur les mosaïques, le sujet de la scène illustrée : Résurrection, Ascension, Dormition... Ou bien encore, il peut s'agir d'un commentaire en grec ou en latin lorsque la scène implique une relation entre personnages ou un déroulement dans le temps. C'est le cas, par exemple, pour les mosaïques de la chapelle Palatine à Palerme.

Ce procédé existe aussi pour certaines icônes et ce, jusqu'à nos jours. Au monastère de Sainte-Catherine du mont Sinaï, il existe une icône du XIe siècle représentant saint Jean-Baptiste dans le désert. Or, l'espace laissé libre tout autour du saint est couvert de textes extraits de l'Évangile et des paroles attribuées à celui que les orthodoxes nomment le *Prodromos,* le Précurseur. Là encore, comme avec les hiéroglyphes égyptiens, on a tendance à ne prêter aucune attention à ces textes, voire à les trouver encombrants ou inutiles. Or, ils jouaient au contraire un rôle essentiel, en rappelant nommément les paroles et les sermons du saint. D'ailleurs, regardons attentivement cette icône, notamment sa composition et le message qu'elle implique. Au centre, le saint représenté selon le mode traditionnel, vêtu de peaux de bêtes et *parlant* au milieu du désert. Il ne peut y avoir là-dessus aucune ambiguïté : ce qu'il dit au Seigneur, représenté un peu plus haut à droite dans le ciel, est écrit à côté de lui ou sur le parchemin qu'il tient en main. Le désert – le lieu terrestre de l'icône – est symbolisé par l'arbre solitaire de gauche. En haut, dans des médaillons les épisodes passés de la vie du saint et en bas à droite, dans un autre médaillon, l'épisode de sa vie *future* : sa tête coupée, tranchée sur l'ordre d'Hérode. Ainsi, sur le plan spatial et temporel, cette icône contient elle aussi, comme l'église, un univers en réduction : la terre, le ciel (avec les deux mandorles où figurent la Vierge et le Christ), le passé (les 3 médaillons du haut), le présent (la scène centrale), le futur (la tête coupée, symbole de la décollation du saint). Mais revenons au texte. J'ai dit que sur cette icône Jean-Baptiste *parle* au Christ représenté en haut à droite et qui bénit précisément le saint. Et ce qu'il dit figure dans le parchemin qu'il tient de sa main gauche (forme traditionnelle de ce qu'on appelle aujourd'hui une bulle dans les bandes dessinées mais qui, dans les temps byzantins, était représentée entre les mains du saint et correspondait à un texte parlé, à une prière, à une invocation). Ici, le fidèle lisait (ou le prêtre lisait au fidèle) les paroles du saint, il entendait littéralement l'icône lui parler. Le texte et la figure sont étroitement associés, exactement à la façon dont *le son et l'image sont associés sur une pellicule de film*. En d'autres termes, et pour continuer d'utiliser un langage et des comparaisons modernes, le « son » de cette icône est « synchrone » avec l'image. Si bien qu'en regardant cette peinture, le fidèle se sentait contemporain du saint puisqu'il l'entendait dire ou murmurer vers le Seigneur :

> Tu vois, Verbe de Dieu, ce que souffrent
> Pour Toi les victimes des possédés.
> Par un simple caprice, Hérode
> M'a tranché la tête.

Étrange invocation qui coule à travers le Temps puisque le saint parle au présent d'un fait futur ! Sur la gauche, inséré entre les médaillons et l'arbre du désert, un autre texte rappelle au fidèle la prédication du Précurseur et notamment le passage où il dit, dans l'Évangile selon Mathieu : « Déjà la hache se trouve à la racine des arbres. Tout arbre ne produisant pas de bons fruits sera coupé et mis au feu. » Ainsi, l'alliance est si forte ici entre les textes et les images (comme en des centaines d'autres icônes semblables) et la graphie des citations s'insère si bien dans l'ordonnance de l'ensemble qu'on peut dire avec certitude qu'il y a entre eux plus qu'une complémentarité ; il y a une véritable communion. Leur juxtaposition n'engendre pas de pléonasme mais une plénitude.

En guise de final

J'ai sous les yeux une gravure populaire grecque achetée il y a quelques années à Monastiraki, le marché aux puces d'Athènes. C'est une gravure récente, d'assez grand format, qui représente le Jugement dernier. En haut, le Ciel avec Dieu, le Christ, la Vierge, les anges et les élus ; au milieu, le tribunal des Apôtres jugeant les humains ; en bas, l'Enfer avec Satan, les démons, les damnés.

Je contemple cette gravure et je me dis naïvement : comme ce monde est simple ! Il y a d'un côté le ciel, l'Invisible, la lumière, les anges, les élus, les vertus, les roses et les harpes et d'un autre, la terre, le visible, les ténèbres, les démons, les damnés, les vices, les épées et les tonnerres... Oui, comme ce monde est simple à travers cette image, toujours actuelle et crédible encore, de la mythologie chrétienne. De sa naissance jusqu'à sa mort, le chrétien n'a devant lui qu'une alternative entre le ciel et les enfers, le choix de la vertu ou du vice, le sort des anges ou celui des démons. Il vit en somme dans un monde binaire où tout se décide par un oui ou un non à Dieu ou à Satan. Oui, comme le monde est simple, du moins en apparence, lorsque l'univers tout entier se partage entre la vérité divine et l'erreur démoniaque, se présente comme un immense Ordinateur, un Big Boss invisible à morale binaire !

Mais ce qui est aussi intéressant sur cette icône d'aujourd'hui, c'est qu'on y retrouve l'immémoriale alliance de l'image et du verbe. Au ciel, en enfer, mais surtout dans la partie médiane où siège le tribunal des Apôtres, des inscriptions soulignent et commentent l'action, dressent la morale de toute vie chrétienne. Tout est écrit *et* illustré. Tout est illustré *et* écrit. Le Jugement dernier est là qui vous attend avec son eschatologie férocement binaire : anges d'azur ou démons d'asphalte. Quelle aventure et quel suspense ! Le dernier de tous, d'ailleurs. Le final de tous les suspenses, de tous les *sérials*, du grand sérial de l'Univers lui-même. Tous nos actes, nos désirs, nos ascèses, nos débauches aboutissent ici, en cette imagerie où salut et damnation ressemblent à des terreurs ou des plaisirs forains et qui dit en couleurs le grand film de la naissance et de la fin du monde.

Au risque de surprendre, je dois faire à présent un aveu. Quand j'étais lycéen, j'ai grandi, j'ai rêvé avec deux mondes en apparence inconciliables, en tout cas rarement conciliés : le grec ancien et les bandes dessinées. À mesure que la mythologie grecque dévoilait ses images tour à tour gigantomachiques, épiques, tragiques, comiques et érotiques, que j'apprenais à reconnaître sur le flanc des vases les héros de la guerre de Troie ou les amours de Zeus, je lisais, je dévorais en même temps les aventures de Guy l'Éclair ou de Mandrake, les tribulations de Mathurin Popeye ou les démêlés à New York de l'inénarrable famille Illico. Et je peux dire que j'ai grandi très sereinement entre ces deux univers si hétérogènes, comme un enfant grandit en apprenant deux langues et devient tout naturellement bilingue. Je passais sans effort de Sophocle à Mandrake (ce qui paraîtrait tout à fait évident) mais aussi de Mandrake à Sophocle (ce qui est beaucoup moins évident). Ce qui d'ailleurs me passionnait en ces bandes dessinées, c'était moins le dessin, l'histoire, les aventures que la découverte de la science-fiction, c'est-à-dire de l'imaginaire. Et c'est cela, autant l'avouer, qui me passionnait aussi chez les Grecs : le mythe de l'Atlantide, les monstres originels décrits par Hésiode, Typhée, Typhon, Echidna, les créatures fantastiques peuplant l'imaginaire antique : Méduse, La Chimère, Pégase, Cerbère, ou les Grées.

Non, je n'ai jamais voulu choisir entre ces mondes que j'ai toujours portés fraternellement en moi, vrais ou faux jumeaux, je ne sais. L'image – mentale ou graphique – a toujours été pour moi la sœur – parfois incestueuse – du verbe. Image et verbe. Verbe et image. Ligne et signe. Signe et ligne. Tous deux, image/ligne ou verbe/signe apposent sur l'erg blanc des pages (ces pages que d'ailleurs on dit *vierges*) les rides, les empreintes d'une démarche humaine. Éphémère ou durable, qu'importe. Des *Pensées* d'Héraclite aux soliloques de Félix le Chat dans les cartoons de Pat Sullivan des années 1925, la continuité n'est pas très évidente. Mais qu'importe puisque tous deux ont habité, vécu en moi sans heurt, sans jalousie non plus, compagnons de fortune et plutôt bons enfants de mon imaginaire. D'ailleurs, l'un et l'autre m'ont appris bien des choses : le premier, qu'on ne se baigne jamais deux fois dans le même fleuve et que la fin ne justifie pas les moyens (il le dit sous une autre forme) ; le second que, une fois échaudé, il faut craindre même l'eau froide et que la faim, par contre, justifie n'importe quel moyen. Ainsi, chacun à sa façon a quelque chose à dire et je ne risque pas de les confondre. Surtout, ils m'ont aidé, l'un et l'autre, à concilier, réconcilier, accorder, raccorder, apparier même en moi l'homme et l'enfant, l'enfant et l'homme que nous ne cessons d'être en même temps, qui en nous ne cessent de naître, et de renaître.

Vénus, une nouvelle Cythère ?

DANS le dernier numéro d'une revue scientifique des plus sérieuses, je lis deux informations qui me laissent sinon pantois, du moins rêveur. La première est que la sonde américaine Magellan envoyée pour explorer Vénus en 1990, a transmis sur la topographie de la planète des documents si précis qu'ils ont permis de mesurer la hauteur de la plus haute montagne, le mont Maxwell, et d'en reconstituer l'histoire géologique ! Il y a là de quoi réfléchir et rêver : reconstituer la géologie d'une montagne située à plus de 40 millions de kilomètres de la Terre, une montagne que nul terrien ne verra jamais de ses propres yeux (la température de Vénus étant de 460° en surface), abolit brusquement la distance qui jusqu'alors séparait science et conte de fées.

Par ailleurs, la précision des données fournies par la sonde a permis de repérer neuf cents cratères auxquels il reste à donner un nom. Or, Vénus est la seule planète du système solaire, avec la Terre, à avoir un nom féminin. La commission *ad hoc* a donc décidé que chaque cratère porterait le nom d'une femme remarquable décédée depuis plus de trois ans (à la date de 1994), à condition qu'elle n'ait joué aucun rôle militaire, politique ou religieux aux XIXe et XXe siècles. Ceci, on s'en doute, pour que Vénus ne devienne pas à son tour un lieu et un sujet de rivalités entre terriens et d'étripages entre terriennes. Or, c'est cela qui me laisse rêveur : que les jalousies, les contentieux, les haines terriennes puissent un jour s'étendre sur les autres planètes ! Jusqu'où faudra-t-il aller – en hauteur et dans l'empyrée – pour que nos basses querelles laissent le ciel intact ? Faisons donc un vœu pour que Vénus, déesse de l'amour, mérite ici son nom et que, grâce à la science, les neuf cents cratères fassent de cette planète une nouvelle Cythère. Je suis prêt, en ce cas, à l'embarquement immédiat.

Les nouveaux Galilée

Le 31 octobre 1992, s'exprimant devant l'Académie pontificale des Sciences, le pape Jean-Paul II levait définitivement la condamnation prononcée en 1633 contre l'astronome Galiléo Galiléi en déclarant notamment : « Ce douloureux malentendu appartient désormais au passé. » Devant une affaire aussi essentielle, à savoir la place exacte de l'homme et de la Terre dans l'Univers, il faut prendre, c'est vrai, le temps de réfléchir. Trois siècles et demi ne sont donc pas de trop pour se rallier enfin aux thèses de Galilée et confirmer en 1994 que la Terre n'est pas immobile et qu'elle tourne bien autour du Soleil ainsi que sur elle-même. En réalité, ce qui était en jeu alors dans cette affaire – et qui l'est peut-être aujourd'hui encore pour un certain nombre d'habitants de la planète – est moins l'emplacement exact de la Terre, ou du Soleil, que la place de l'homme lui-même dans le monde, cet homme que la Bible dit avoir été créé par Dieu à son image et façonné à son image. Car l'un ne va pas sans l'autre : si la Terre cesse d'être située au centre de l'Univers, c'est que l'homme n'est plus, lui non plus, le centre de la Création. Les théologiens de l'époque avaient parfaitement compris ou deviné que les thèses de Galilée (qui n'étaient encore qu'hypothèses) menaçaient tout l'édifice de la genèse biblique et la primauté de l'homme dans l'Univers. Qu'en est-il aujourd'hui avec les nouveaux Galilée qui, chaque jour, publient leurs thèses – ou hypothèses – sur le Big Bang ? Écoutons l'un d'entre eux, Carl Sagan : « Personne ne peut nier aujourd'hui que les matériaux dont est fait chacun de nous ne soient intimement liés avec des processus qui se déclenchèrent à d'énormes distances de nous, dans le temps et dans l'espace. La matière rocheuse et métallique sur laquelle nos deux pieds reposent, le fer de notre sang, le calcium de nos dents, le carbone de nos gènes, tout cela fut produit il y a des milliards d'années dans les entrailles des étoiles géantes rouges. Nous sommes composés de matériaux stellaires. » Devant ce texte, je me pose deux questions : combien de temps faudra-t-il à l'Académie pontificale des Sciences pour en admettre la véracité ? Et, seconde question plus importante : désormais, le dilemme est simple. Pour la Bible, la matière originelle de l'homme, c'est l'argile. Pour les astronomes, c'est la matière des étoiles. Alors, laquelle est la plus céleste ? Il est temps à mon sens qu'astronomes et théologiens se réunissent pour abolir entre eux les vieux malentendus. L'homme est-il une argile animée ou une étoile en miniature ? Personnellement, je penche pour l'étoile. Car c'est la seule façon, scientifique cette fois, de nous réconcilier avec le ciel.

Tu as tous les noms et Tu n'en as aucun

Tu as tous les noms et Tu n'en as aucun, écrivait, en parlant de Dieu, Grégoire le Théologien. Voilà qui, en un sens, simplifie la question et même la supprime. Inutile de feuilleter les dictionnaires, les noms de Dieu n'y figurent pas, sauf à la lettre D. Depuis l'invention du langage, Dieu joue à cache-cache avec nos mots, nos lexiques, nos langues, nos traductions et nos ordinateurs.

Coïncidence : deux scientifiques parlant récemment de leurs recherches à la radio, l'un biologiste, l'autre astrophysicien, y évoquent Dieu avec la même image. Le premier disait : « Le déterminisme du montage de la Création est si fort que les résultats semblent être acquis d'avance. Une fois le processus mis en route, Dieu ne peut plus le modifier et après le *Big Bang*, sa main est retombée, inerte. » L'autre disait : « Avec les prochains télescopes montés sur satellite, nous allons enfin approcher de l'instant zéro de l'Univers, nous allons voir le doigt de Dieu créant le monde. »

Ainsi, Dieu a au moins un doigt, une main, voire un bras. Mais ce bras, cette main sont très loin de nous dans l'espace et le temps. Invisibles. Insensibles. Inaccessibles. Ce que veulent les terriens, c'est une main proche, présente, brutale ou caressante, mais une main qui délaisse trous noirs et galaxies pour venir fréquenter notre monde, trembler dans nos orages, briller dans nos arcs-en-ciel, gonfler nos montagnes et creuser nos vallées. Nous voulons une main qui épouse notre temps, notre terre.

La main du Dieu des astrophysiciens est retombée là-bas parmi les galaxies dans l'infini du Temps.

Main fossile. Celle du Dieu des croyants, elle embrase les buissons, courbe les herbes sous la brise, obscurcit les vallées d'incroyance, éclaire la prairie des saints. Main vivante.

Dieu n'est pas mort, il dort, il dormirait au fond des galaxies. Loir cosmique. Voilà son dernier nom. Il ne figure pas dans le dictionnaire ? N'avez-vous pas compris qu'il n'y a plus de dictionnaire, que Dieu ne se voit plus, ne se lit plus, ne se sent plus, mais que Dieu s'entend désormais ?

Et que, si vous le cherchez vraiment, vous entendrez sa voix, immanquablement, selon vos convictions et la portée de vos oreilles, dans le grand bruit de fond de l'Univers ou dans la brise légère soufflant après l'orage ?

Nous ne sommes pas les enfants du hasard

Des cosmogonies de l'Orient ancien jusqu'aux récits bibliques des origines, les hommes éprouvent le besoin de raconter la création du monde. Et si ces récits nous concernaient toujours ? S'ils faisaient beaucoup plus que donner l'histoire improbable des commencements ?

« Quel était votre visage avant la naissance de vos parents ? » Question qu'un maître zen posa jadis à ses disciples, question subtile et insidieuse mais qui n'est là que pour mieux révéler le mystère de l'inconnaissable, l'impossibilité de remonter le temps et donc de répondre à une telle question. Aucun être humain ne peut avoir un souvenir conscient de sa naissance et il ne se pose que plus tard – quand il se la pose – la question de sa venue et de sa présence en ce monde. Une question qui devient moins : pourquoi ce monde et pourquoi l'homme, que : pourquoi ce monde-ci où je vis et moi-même tel que je suis ?

Il en est de même avec les différentes cosmogonies du monde antique. Les mythes sumériens, akkadiens, phéniciens, hébreux, égyptiens ou grecs ne répondent jamais à la question de l'origine du monde en général mais à celle de leur monde particulier, ressenti sinon comme le seul existant, du moins comme le seul possible. Voici pour le premier point : les mythes ne donnent jamais de réponse universelle à la question de l'origine du monde, mais des réponses particulières et spécifiques. Si vous voulez savoir pourquoi l'Olympe existe, par exemple, il vous faudra lire un mythe grec et aucun autre. Aujourd'hui, notre vision du monde et de son origine est très exactement à l'opposé. Le ciel terrestre est identique pour tous et un mot comme galaxie a le même sens pour un Asiatique, un Américain et un Européen. Les mots Soleil, Lune, Vénus recouvraient jadis des réalités, des entités célestes tout à fait différentes. La nébuleuse spirale M 33 est la même pour tous les télescopes du monde alors que Vénus – en tant que déesse mais aussi en tant que planète – n'était pas tout à fait la même qu'Ishtar qui n'était pas tout à fait la même qu'Astarté ni tout à fait la même qu'Inanna. C'est sans doute pour cette raison qu'il n'existe aucun mythe sur la nébuleuse M 33 mais quelques centaines sur Vénus, Aphrodite, Ishtar et Inanna.

Second point : les mythes les plus anciens actuellement connus sur l'origine du monde sont des mythes sumériens remontant à 3 000 ans avant notre ère, c'est-à-dire contemporains de l'invention de l'écriture. Or ces textes apparaissent d'emblée aussi riches, élaborés que tous ceux qui viendront après eux, y compris les mythes bibliques.

Les traces des plus anciennes interrogations sur le monde ne sont ni des ébauches ni même des questionnements, mais des visions subtiles, porteuses d'une dévotion et d'une pensée plénières. L'interrogation fondamentale des êtres humains est donc bien antérieure à l'invention de l'écriture mais bien postérieure, on s'en doute, à la naissance des peuples, des communautés, des cultures, des cités en question. Quand l'homme sumérien commence à s'interroger sur l'origine du monde et sa propre existence, ce monde a pris déjà et depuis longtemps des formes et des chemins à la fois précis et irréversibles. C'est cela, non le monde en soi, qu'il s'agit d'expliquer : ce monde sumérien fait de fleuves, de sables, de déserts, de palmeraies, de roselières, de marécages et aussi de maisons de boue, de palais de cuivre, de cèdre et de cornaline, de bergeries et de ziggurats étagées vers le ciel.

En d'autres termes, ce n'est jamais le monde en tant que tel, mais le monde sumérien, akkadien, égyptien, hébreu, grec qu'il s'agit d'expliquer et surtout, avec lui et par lui, l'homme sumérien, akkadien, égyptien, hébreu et grec. Dans la totalité des mythes cosmogoniques, origine du monde et origine de l'homme sont inséparables, même si ces deux événements ne sont pas concomitants. Un monde sans êtres humains eût été inconcevable. En toutes ces cultures, aussi différentes soient-elles, l'homme n'est jamais un étranger ni un intrus sur terre. Il est au contraire le but même de la Création et il en explique souvent les processus et la genèse. Si bien qu'en chacune de ces cosmogonies, la façon dont l'homme apparaît dit aussi ce qu'il doit faire sur terre. Comme l'ont répété sans cesse les Grecs et plus particulièrement les Orphiques, les Pythagoriciens et plus tard les Gnostiques, si l'on veut savoir qui l'on est, il faut d'abord savoir d'où l'on vient. La genèse (*genesis*) précède et commande la gnose, la connaissance (*gnôsis*). Pour résumer cette vision, on peut dire que toute connaissance implique une co-naissance, implique sinon de recommencer, en tout cas de reconnaître sa naissance.

Il se trouve que la plupart des cosmogonies, notamment celles de Mésopotamie, des cités phéniciennes et des terres bibliques, s'accordent sur un fait essentiel : l'homme n'est pas sur terre par hasard, il a été conçu et créé par l'assemblée des dieux ou par Dieu et ce dans un but précis : servir les dieux ou adorer Dieu. Sa tâche est donc de collaborer à l'avenir et à la prospérité du monde pour offrir aux dieux les nourritures qu'ils attendent ou à Dieu les prières qu'il souhaite et qu'il réclame. À cet égard, un des plus vieux mythes mésopotamiens présente un enseignement des plus clairs. Il fournit à la question du pourquoi de l'homme sur la terre une réponse précise, voire cynique : il a été créé uniquement pour travailler et nourrir les dieux !

Pour ma part, je n'ai cessé d'être fasciné par l'aspect à la fois inventif et concret de la plupart des grands mythes de la Création dans le monde antique. Nous avons sans doute tort aujourd'hui de les lire avec un recul excessif, comme s'ils ne pouvaient plus rien nous enseigner, comme s'ils étaient à la fois somptueux, prégnants mais périmés. Je crois qu'ils présentent encore quelque chose de touchant et même d'attachant dans cet effort pour nous persuader que nous ne sommes pas les enfants du hasard, mais des créatures conçues et voulues par Dieu ou par les dieux.

Conçues mais surtout voulues. Et pour exprimer cela comme l'aurait fait quelque prêtre ou poète antique, sortons un instant dans la nature par une nuit d'été et regardons le ciel. Regardons-le vraiment, sans penser ni à la Bible ni à Copernic ni à Kepler ni à Einstein. Les cosmogonies sont toutes venues de cette contemplation. Et du sentiment instinctif, devant ce ciel pourtant réduit à des dimensions presque humaines, qu'il y avait là une immensité, un infini qui échappaient à l'homme. Il fallait impérieusement l'apprivoiser, rapprocher le ciel de la terre, et même, suprême audace, y faire descendre, y faire vivre les dieux. Qu'est-ce qu'un dieu qui serait purement céleste, occupé d'étoiles, de comètes, d'azur et de zénith, qu'est-ce qu'un dieu dont le regard ne serait jamais tourné vers la terre ? Il fallait que les dieux regardent vers la terre et, regardant vers nous, nous imaginent et nous inventent.

Les cosmogonies antiques, malgré leurs voies, leurs images, leurs scènes parfois déroutantes pour nous, n'avaient qu'un sens, n'avaient qu'un but : nous confirmer que nous n'étions pas les enfants du hasard, que nous avons été voulus et désirés par des instances supérieures et qu'il nous appartenait désormais d'être précisément à la hauteur de cette genèse. Ces mythes nous disent, au moins implicitement, que nous sommes nécessaires au monde. Je crois bien que c'est là le seul message que toujours les hommes ont espéré du ciel. Et que les mythes leur délivrent. Sans cela, en parlerions-nous encore aujourd'hui ?

Une nouvelle renaissance

S'IL fallait établir la liste des événements les plus marquants survenus en Europe depuis la fin de la Seconde Guerre mondiale, je dirais qu'ils sont au nombre de trois : l'apparition de l'ordinateur, le déclin de l'idéologie marxiste et la rencontre du bouddhisme et de l'Occident. L'invention de l'ordinateur – avec tout ce qu'elle implique de nouveau et même de révolutionnaire dans la façon d'ordonner nos idées et d'archiver notre mémoire – me paraît aussi importante que celle de l'imprimerie par Gutenberg. L'effondrement du communisme, lui, en mettant fin à une fracture de près d'un demi-siècle entre les deux moitiés antagonistes de notre continent, a rétabli l'unité chancelante mais réelle de l'Europe et modifié radicalement son avenir. Quant à la rencontre du continent européen et du bouddhisme, elle fait partie de ces événements d'apparence anodine mais qui, par la suite, à la façon de mutations imperceptibles, changent eux aussi radicalement l'évolution d'une espèce animale ou l'histoire d'une époque. On le sait bien : les grands événements qui ont marqué notre planète ont toujours eu des commencements indiscernables. On ne peut, par exemple, saisir la présence de la vie sur la Terre que lorsqu'elle est déjà bien installée sur la planète, qu'elle a en quelque sorte fait ses preuves. Pour les mêmes raisons, quantité d'événements historiques essentiels sont passés tout à fait inaperçus en leur début : la mort de Jésus par exemple ou encore la découverte de l'Amérique. Non pas qu'il n'y eut aucun témoin de ces événements mais à l'époque, seule une petite minorité de contemporains perçut leurs conséquences véritables sur notre évolution et leur portée réellement novatrice. C'est le propre des vrais changements révolutionnaires de n'être jamais perçus en leur début comme une révolution. Pour cela il faudrait du recul, un changement brutal de perspective, voire de vision du monde, ce qui semble plus difficile. Il est plus facile de changer d'espace, de faire le tour de la Terre en quelques heures à bord d'une navette spatiale que de changer l'espace, la vision, l'univers que l'on porte en soi. Le peintre Mondrian, qui fut le fondateur de l'abstrait (c'est du moins ainsi qu'on le définit) mais qui fut surtout un mystique de la géométrie recherchant dans les rapports des surfaces et des couleurs le secret du nombre d'or, l'avait compris depuis longtemps quand il écrivait, en 1914 : « L'humanité ne s'habitue que très lentement au changement du contenu spirituel. » Or, c'est bien le cas du bouddhisme qui apporte en Europe un changement, un ébranlement certain dans notre façon d'envisager la spiritualité. Bien sûr, quelques Européens eurent connaissance du bouddhisme tibétain grâce aux ouvrages d'Alexandra David-Néel. Mais il ne s'agissait alors que d'une infime minorité de gens attirés par les doctrines orientales, véritables aventuriers de l'esprit. La vraie rencontre aura lieu bien plus tard, après l'invasion chinoise au Tibet en 1950, et surtout après l'installation du Dalaï-Lama en Inde en 1959.

C'est aux alentours des années soixante que date l'arrivée en Europe des premiers maîtres tibétains. Ce que ces Tibétains, ces lamas apportent avec eux, ce n'est pas un enseignement ou des rituels de pacotille comme on en voit tant aujourd'hui, mais la tradition la plus vieille, la plus forte du bouddhisme. De plus, ce sont les maîtres eux-mêmes qui viennent jusqu'en Europe pour enseigner, créer des centres, former des disciples et prêcher, non la bonne parole comme les Évangélistes mais, dirais-je, le bon éveil, celui de la conscience et de la solidarité universelle, celui qu'il faut chercher non dans les textes et les sermons mais en soi-même, celui qui descelle en nous l'illusion d'être et nous restitue à notre aventure misérable et grandiose. Celui, en somme, qui assure en nous l'être nouveau, au sens montagnard du mot, comme un alpiniste s'assure face à une paroi verticale.

De ce fait, le bouddhisme est bien le contraire d'une religion révélée puisqu'il n'implique aucune révélation, aucune parole venue d'En-Haut, il est une religion – ou une philosophie – réfléchie dans les deux sens de ce terme, parce qu'elle éveille en nous la connaissance et non la foi et aussi parce qu'elle nous met face à nous-même.

Il nous faudra longtemps pour pouvoir entrevoir toute la richesse, toute la fertilité de cet apport. Une part importante de l'Orient spirituel est venue jusqu'à nous, sous la forme notamment du bouddhisme tibétain pour visiter l'Europe, s'y installer, s'y implanter. Car c'est bien d'une implantation qu'il s'agit. Nous y voyons un enracinement sur une terre étrangère, une transplantation réussie et féconde. L'importance est moins, en l'occurrence, le nombre des centres bouddhistes implantés dans notre pays – bien qu'ils soient déjà très nombreux – que la solidité, la durée de cette implantation. En précisant qu'il ne faut voir en elle aucun prosélytisme : ce sont les Européens qui viennent jusqu'à ces centres, les visiter, les rencontrer, parfois y résider, parfois encore y faire retraite. Les lamas tibétains ne sont nullement des missionnaires. Leur seule arme ? La tolérance – une tolérance réelle, pratiquée, éprouvée chaque jour – et la méditation.

Ces nouveaux venus porteurs d'une si ancienne sagesse proposent à l'Occident déspiritualisé une voie neuve, simple et radicale pour trouver ou retrouver le sens de notre présence – ou de notre absence – en ce monde. Ils arrivent au moment précis où l'Europe est en train de naître – ou de renaître.

Une rencontre, pourtant, ne se fait pas dans un seul sens. L'Europe fait la rencontre de la pensée et de la vie bouddhiques, mais le bouddhisme, lui, rencontre aussi l'Europe, un univers totalement étranger à celui qui présida à sa naissance et à son extension. Rencontrant l'Europe et par elle l'Occident, il rencontre notamment sa pensée rationnelle et surtout scientifique. La prodigieuse aventure des sciences peut nourrir le bouddhisme d'éléments, d'apports, d'ajouts ignorés ou impensés jusqu'à ce jour. Dans un entretien récent[1], le Dalaï-Lama avoue consacrer beaucoup de temps à la lecture d'ouvrages scientifiques, se rapportant notamment à la nature de la matière et à l'astrophysique. Il est réconfortant de voir cette rencontre scellée en ses deux sens ! Il ne pouvait d'ailleurs mieux choisir : rien de plus bouddhiste que les découvertes de la physique moderne qui nous propose des particules dont la durée moyenne de vie est de 3 millionièmes de seconde et se transforme sans cesse en énergie, donc en chaleur ou en lumière en laissant sur les écrans verdâtres des chambres à bulle de véritables traces d'impermanence ! Et que dire à l'autre bout de l'univers, des découvertes de l'astrophysique qui nous dévoilent un monde presque infini dont les distances et la durée s'approchent étonnamment des chiffres fournis jadis par bien des mythes indiens ? Le Dalaï-Lama n'est pas seulement aujourd'hui le représentant d'un pays, d'une religion et d'une culture séculaires. L'exil involontaire qui l'a jeté sur les routes du monde en a fait l'artisan symbolique d'une rencontre inespérée entre l'Orient et l'Occident. En s'ouvrant au monde européen, en l'associant à ses cultes et à ses enseignements les plus secrets, le bouddhisme s'est résolument tourné vers l'avenir et vers l'osmose avec l'Occident. Il a ainsi évité d'emblée le danger de s'isoler dans ses traditions. En

1. Ce texte a été écrit en 1993. (NdE)

devenant, au contraire, des lieux ouverts, des lieux d'accueil, de tolérance, d'enseignement librement accepté et librement suivi, ces différents centres tibétains s'inscrivent dans une voie œcuménique qui est la seule possible. Mais ils vont plus loin que tous les autres : l'institution, si spécifique, si tibétaine des *tulkous*, réincarnations de grands lamas défunts, ne vient-elle pas de s'ouvrir elle aussi en consacrant, pour la première fois dans l'histoire du Tibet, de jeunes Occidentaux ? C'est là, à mon sens, une des greffes les plus remarquables résultant de l'implantation tibétaine en Europe. Qu'un « corps d'émanation » puisse désormais s'incarner en un non-Tibétain, cela peut paraître accessoire à certains. J'y vois au contraire le signe d'une alliance durable et d'une osmose viscérale entre bouddhisme et Occident. Et là débute peut-être une nouvelle renaissance, l'éveil et la lumière bouddhiques jouant pour nous et pour l'Europe le rôle jadis dévolu à la beauté et à la raison grecques.

L'infini est en nous

François L'Yvonnet – *Avez-vous l'impression que nous sommes sortis du siècle des Lumières ? Et de la trilogie science-progrès-humanité*[1] ?

Jacques Lacarrière – On est certainement sortis de la vision messianique de la science, et ce sont les savants eux-mêmes qui, les premiers, ont mis fin à cette idée ; cependant, je ne pense pas que l'on soit sortis de la nécessité de la science. La fée Électricité est simplement devenue un compteur électrique, c'est-à-dire quelque chose qui est entré dans ce qu'on pourrait appeler le monde profane ou le quotidien… Ce qui est impossible, notons-le, pour la religion : ni les anges, ni l'Esprit-Saint ne peuvent rentrer dans le quotidien.

Pour revenir à votre question, je pense que ce qui est à venir ne pourra plus se définir en termes de lumière ou de ténèbres, qui sont des termes trop

---

1. Extrait d'un entretien de Jacques Lacarrière avec François L'Yvonnet paru dans la revue *Question de* sur « La Grande Mutation » (Albin Michel), en septembre 1998.

religieux. Les notions qui me semblent aujourd'hui essentielles, et que la science place au cœur de ses préoccupations, sont celles d'ordre et de désordre de l'univers, d'entropie et de néguentropie… Voire celles que le vieil Empédocle mettait à l'origine du monde, et éventuellement à sa fin, comme celles d'attirance et de répulsion, d'attraction et de rétraction, qu'il considérait comme de grandes forces cosmiques concernant aussi bien les astres que les êtres humains.

Il me semble que c'est le dilemme ordre/désordre qui nous attend ; un univers ordonné ou un univers désordonné, et ainsi des sociétés ordonnées et des sociétés désordonnées… Quand on brandissait les « Lumières » au XVIIIe siècle, c'était pour combattre l'obscurantisme religieux, et donc les « ténèbres ». Nous ne sommes plus dans ce manichéisme ; les notions d'ordre et de désordre cosmiques, d'entropie et de néguentropie n'ont plus aucune connotation politico-religieuse, ni même philosophique, mais témoignent seulement d'un état, d'un certain état négatif ou positif du monde, ou si l'on veut, harmonieux ou disharmonieux.

En même temps, je sais bien que chaque fois que l'on veut se débarrasser des mythes, de l'imaginaire, des fantasmes, on tombe dans un monde de plus en plus pauvre… Il n'y a rien de plus sinistre – comme je l'ai vérifié lorsque je traversais la Yougoslavie il y a quelques années – que la réunion d'un Parti communiste dans une grange de Bosnie, avec une ampoule de 25 watts ! À côté de cela, les illuminations des églises orthodoxes sont des féeries… et c'est bien normal qu'elles nous touchent. En laïcisant – mot que je trouve horrible –, en se dépouillant de toute cette couverture de sons, de lumière et d'encens, on se prive de la sensualité liée au culte, à la liturgie propre à tous les rituels. N'est-ce pas en partie à cause de cela que le communisme a échoué ? Il s'est confondu avec la sentence aberrante de Lénine : « Le communisme, c'est les soviets plus l'électricité ! » C'est pour le moins peu engageant ! Quand on pense aux sovkhozes ou aux lieux de réunions des travailleurs le dimanche, on se dit que c'est un appauvrissement total car il n'y a aucune raison pour que le soi-disant avenir radieux soit associé à la désolation, à la tristesse et à la laideur... Il faut bien savoir que le jour où l'on commence à se dépouiller des mythes, on s'amoindrit terriblement.

FRANÇOIS L'YVONNET – *Que faites-vous du progrès ?*

JACQUES LACARRIÈRE – Je crois à des milliers de progrès, mais qui sont des progrès « topiques », si je puis dire. Ceux qui s'imaginent que mon rêve le plus cher serait sans doute de vivre à l'époque de Périclès se trompent du tout au tout... Car très franchement, lorsque j'ai mal aux dents, je préfère me faire soigner par un dentiste d'aujourd'hui ! C'est une boutade, mais c'est vrai aussi pour tout le reste, il ne faut pas se mentir... Bien sûr, on peut idéalement penser qu'il aurait été formidable de vivre en Égypte au temps des pharaons, ou à Babylone au temps de Nabuchodonosor, ou encore à Athènes au ve siècle avant J.-C... Oui, si je pouvais y aller par une faille du temps, y séjourner et revenir, comme dans les films de science-fiction. Mais de toute façon, cela n'aurait aucun sens, car si je devenais effectivement un citoyen d'Athènes du temps de Périclès, je ne penserais pas au dentiste, comme je ne penserais à rien de ce que je suis, ici et aujourd'hui, et donc rien ne me paraîtrait étrange…

Je crois au progrès sous des formes limitées et précises – d'ailleurs acquises une fois pour toutes – mais qui ne se confondent pas avec la technique. En conclusion d'un des petits textes que j'écris actuellement, consacré à « la vie portable[1] » et qui tourne autour des « portables » et des moyens de communication actuels, je constate que quels que soient les progrès de la communication – sa rapidité, sa facilité d'emploi, sa simplicité –, elle ne permettra jamais de converser avec les anges. C'est un progrès, mais limité… Le vrai progrès serait de nous ouvrir un autre monde ! On pourrait prendre aussi l'exemple des clones, qui ne seront jamais que des doubles de nous-mêmes, et non pas ce qu'on pourrait espérer, à savoir des êtres qui ne nous ressemblent pas du tout, imprévisibles, inattendus et même… totalement inespérés.

Le progrès n'est toujours qu'un aspect de ce qu'il contredit, ce n'est pas comme un fleuve qui avance tout droit entre deux rives et qui ne rencontre aucun obstacle. Il ne peut y avoir progrès que s'il y a, par ailleurs, destruction ou perte ; le progrès est toujours un acquis sur une perte : on a gagné l'autoroute et on a perdu les diligences, par exemple… Mais je n'aurais certainement pas

1. Voir p. 23.

voulu voyager au temps des diligences, on avait une chance sur deux, en partant de Paris, de ne jamais arriver intact à Lyon !

Je ne crois pas aux majuscules – le Progrès –, mais on ne peut pas non plus le rayer d'un trait de plume, comme si ce n'était qu'une illusion. Nous sommes en train de réaliser les derniers souhaits des hommes des cavernes... Quand on dit progrès aujourd'hui – pensons à la communication – on peut dire plus d'immédiateté, et donc rétrécissement du temps et de l'espace. Dans beaucoup d'autres contextes, je considère que supprimer le temps n'est pas un progrès ; j'ai toujours souhaité, par exemple, le retour au temps saisonnier, au temps physique, par la pratique de la marche, par l'effort de ressentir les saisons comme elles sont ; tout ce qui supprimerait cela serait le contraire d'un progrès. Est seulement progrès ce qui permet de nous dédoubler et de nous multiplier... Le progrès, c'est ce qui fait qu'on n'est jamais seul... Aujourd'hui, il serait impossible d'écrire Robinson Crusoé, à l'heure du portable !

FRANÇOIS L'YVONNET – *Quel est, selon vous, l'événement majeur du millénaire finissant ?*

JACQUES LACARRIÈRE – C'est très difficile de faire un choix... Il y a tant de choses si différentes et si contradictoires ! Un des progrès objectifs qui s'est traduit dans l'histoire de l'homme, c'est le jour où le vin a remplacé le sang dans les sacrifices, et le pain la chair ; le christianisme étant à cet égard le dernier vecteur, si l'on peut dire : manger une hostie plutôt qu'un morceau de viande, surtout si c'est de l'homme, voilà un progrès incontestable... ; le vin ayant remplacé le sang, les sacrifices sanglants ont cessé, ils ont été symbolisés autrement, l'animal a remplacé l'homme, puis le vin a remplacé le sang de l'animal. Ce type de progrès est net, il va vers une symbolisation et en même temps vers une purification du rite. Il se caractérise par une simplification de plus en plus forte du support : un dé à coudre de vin peut suffire à symboliser les flots de sang qui coulent.

Mais pour répondre plus précisément à votre question du millénaire finissant, je retiendrai surtout la découverte de l'inconscient... Plus que celle de l'Amérique, qu'on aurait découverte tôt ou tard, car elle se situait dans la logique même de l'exploration humaine. Les microbes aussi, je crois que tôt ou tard on les aurait découverts, on se demandait déjà depuis un certain temps si les maladies n'étaient pas provoquées par des petites bestioles invisibles... L'inconscient, en revanche, me semble être ce qui avait le moins de chances d'être découvert, parce qu'il est en nous... en ce qu'on pourrait appeler le royaume fait de tous les enfers et de tous les paradis imaginés par les religions : le Tohu Bohu, le Chéol, l'Éden, etc. On ne savait pas que l'infini était en nous ! Les découvertes les plus importantes, pour ce qui concerne l'être humain, ne me semblent pas être de nature technique, mais plutôt celles qui enrichissent ses symboles. L'inconscient, c'est ce qui nous rapproche le plus des anges et des démons, du supra-visible et de l'infra-visible, du supra-sensible et de l'infra-sensible...

J'aurais pu parler également de l'invention – majeure en mathématique – du zéro... Vous constaterez, là aussi, qu'il ne s'agit pas d'un phénomène apparemment sensible, puisque le zéro, précisément, n'est qu'une absence, mais une absence investie de sens... Pourtant, c'est le chiffre le plus important, d'une certaine manière, car sans lui il n'y aurait pas de calcul possible !

Pour moi, le progrès le plus radical serait que l'homme soit totalement restitué à lui-même, et trouve enfin sa raison d'être en dehors des mythes, des fables et des fantasmes... Comme le disent les soufis de l'ordre des Bektasis : « Ma seule religion, c'est l'homme. »

Épilogue
Pour que vivent les dragons…

Nombreux sont les animaux encore vivants il y a quelques siècles qui ont entièrement disparu aujourd'hui : l'auroch, le dronte, le moa, le rythme, le grand pingouin. De nos jours, d'autres espèces sont menacées au point qu'on a dû créer des réserves spéciales pour assurer leur protection et leur survie. Mais les bêtes existantes ne sont pas les seules en danger. Il en est d'autres, compagnes de notre enfance, de nos rêves et nos peurs, qui disparaissent à leur tour sans même que l'on s'en aperçoive parce que le monde moderne ne veut plus d'elles et les croit périmées. Ces bêtes, ce sont les bêtes imaginaires peuplant légendes et épopées et qui ont pour noms : Basilic, Centaure, Chimère, Dragon, Griffon, Licorne, Phénix et Vouivre. Alors, pourquoi ne pas créer aussi des espaces imaginaires et poétiques pour assurer la protection et la survie des bêtes fabuleuses.

Prenons l'une d'entre elles : le Dragon. Il faut protéger les dragons. Leur survie est aussi menacée aujourd'hui que celle du lynx ou de l'aigle royal. Parce que dans notre monde il n'y a plus apparemment de trésors cachés dans des grottes perdues ni de fontaines d'immortalité, on croit que les dragons sont morts ou périmés. Et pourtant qui dit que le trésor qu'ils ont si vaillamment gardé pendant des siècles n'existe pas encore sous d'autres formes ?

Comment protéger les dragons ? D'abord en retrouvant et relisant le récit de leurs aventures et de leurs avatars, en redonnant vie à leur mémoire. Chez nous en France où ils vécurent nombreux. Jadis, de Poitiers à Tarascon, de Metz à Draguignan. Et partout ailleurs dans le monde car les dragons constituent une grande famille, ils ont des parents sur toute la planète. Et aussi en inventant de nouvelles histoires. Des histoires de notre temps, avec de nouveaux paysages et de nouveaux décors. Et surtout en les apprivoisant pour qu'ils deviennent bénéfiques. Alors, ils ne cracheront plus des flammes mais des fleurs.

Bibliographie

Je ne mentionne ici que les titres ne figurant pas dans les textes eux-mêmes ou découverts plus récemment[1].

BEEBE William, *En plongée par neuf cents mètres de fond*, Grasset, 1935. (Pour « Le navire des abysses ».)

BEEBE William, *Sous la mer tropicale*, Stock, 1931. (Pour « Plongées ».)

BELLONTE Maurice, *Le Premier Paris-New York*, Plon, 1976. (Pour « Les aéroplanes à hélice ».)

CASSÉ Michel, *Nostalgie de la lumière*, Belfond/Sciences, 1987. (Pour « L'énigme de la nuit ».)

DUCROCQ Albert, *Notre ciel*, Stock, 1990. (Pour « Les cratères de Vénus ».)

HLADIK Jean, *Énergétique Éolienne*, Masson, 1994. (Pour « Éoliennes ».)

RUDAUX Lucien, Sur *les autres mondes*, Larousse, 1937. (Pour « La surface de la Lune ».)

TESTART Jacques, *L'Œuf transparent*, Flammarion, 1986. (Pour « Les mères porteuses » et « Cloneries ».)

XUAN THUAN Trinh, *La Mélodie secrète*, Fayard, 1988. (Pour « L'image de l'univers ».)

---

1. Cette bibliographie a été rédigée par Jacques Lacarrière pour *Ce bel et nouvel aujourd'hui.*

Table

ÉTONNEMENTS D'UN PROMENEUR SOLITAIRE

DU MÊME AUTEUR

(suite)

Un jardin pour mémoire, NiL, 1999.
Dictionnaire amoureux de la Grèce, Plon, 2001.
Paul Valet (essai), Jean-Michel Place, 2001.
Mémoire vivante (entretiens), Flammarion, 2002.
Ce que je dois à Aimé Césaire, Bibliophane, 2004 ; Isolato, 2013.
Un amour de Loire, Christian Pirot, 2004.
Dans la forêt des songes, NiL, 2005.
Dictionnaire amoureux de la mythologie, Plon, 2006.
Un rêve éveillé. Textes sur le théâtre, Transboréal, 2008.
À l'orée du pays fertile. Œuvres poétiques complètes, Seghers, 2011.
Méditerranée, Robert Laffont (coll. « Bouquins »), 2013.

Cahiers de l'association Chemins faisant :
« Cahiers Jacques Lacarrière 1 » *Naissances*, Christian Pirot / Chemins faisant, 2008.
« Cahiers Jacques Lacarrière 2 » *Méditerranées*, Christian Pirot / Chemins faisant, 2010.s
« Cahiers Jacques Lacarrière 3 » *Natures*, Michel Houdiard / Chemins faisant, 2012.

CET OUVRAGE A ÉTÉ COMPOSÉ
EN PALATINO CORPS 10,5
PAR NORD COMPO
À VILLENEUVE-D'ASCQ.

ACHEVÉ D'IMPRIMER
PAR CPI BUSSIÈRE
À SAINT-AMAND-MONTROND, EN AVRIL 2019,
POUR LE COMPTE DU PASSEUR ÉDITEUR.

Dépôt légal : mai 2019.
N° d'imprimeur : 2043242
Imprimé en France.